我们一起解决问题

人设、流量与成交

王扬名　　　著

人民邮电出版社

北　京

图书在版编目（CIP）数据

人设、流量与成交 / 王扬名著. -- 北京：人民邮
电出版社，2024.8
　ISBN 978-7-115-64549-4

Ⅰ．①人… Ⅱ．①王… Ⅲ．①网络营销 Ⅳ.
①F713.365.2

中国国家版本馆CIP数据核字(2024)第110654号

内 容 提 要

短视频是互联网用户的重要娱乐方式之一，也已经成为互联网企业重要的流量
池和流量来源。大多数人在创作短视频的过程中会遇到以下问题：不会做内容、内
容没流量、内容有流量但没有商业预期、职业内容不变现等。

本书针对不会做内容、内容没流量、内容有流量但没有商业预期、职业内容不
变现等问题，独创了"孔夫子人设模型"，帮助短视频创作者在恰当的节点植入能
力、突发反馈、起因、态度、感悟和发心，捕捉用户的情绪点，激发用户的表达
欲，赢得用户的认可、好感和信任，最终拿到想要的结果。

本书适合想要通过短视频搭建人设、获取流量、涨粉、建立影响力并完成变现
的个人、创业团队、实体商家等阅读、学习和使用。

◆　　著　　王扬名
　　责任编辑　王一帜
　　责任印制　彭志环
◆ 人民邮电出版社出版发行　　北京市丰台区成寿寺路 11 号
　　邮编 100164　电子邮件 315@ptpress.com.cn
　　网址 https://www.ptpress.com.cn
　　临西县阅读时光印刷有限公司印刷
◆ 开本：880×1230　1/32
　　印张：7.5　　　　　　　　　　　2024 年 8 月第 1 版
　　字数：150 千字　　　　　　　2025 年 7 月河北第 10 次印刷

定　价：59.80 元
读者服务热线：（010）81055656　印装质量热线：（010）81055316
反盗版热线：（010）81055315

推荐语

任何事情只有掌握了底层逻辑，才能做到以不变应万变。书中不仅讲解了短视频运营和打造个人 IP 的方法，也在人设、流量与成交之间架起了桥梁，从信任、流量和成交的角度，做了"技法"和"心法"的解读。

——刘润　润米咨询创始人

在娱乐和商业化的背后，短视频在事实上开创了一门新的"语言"。无数人使用它在网上表达自我、联结他人、开创事业、达成目标。这本书帮助我们更好地掌握这门"语言"，同时提醒我们："语言"的形式千变万化，最本质的规律永远是人与人的关系。

——李松蔚　心理咨询师

这本《人设、流量与成交》是作者送给这个时代每个渴望自我崛起的人的礼物。我想祝贺每个生于这个时代，并有勇气打造个人IP的人，你们是幸运的。因为个人商业IP已经走过试错期，但又远远未到成熟期。前人既留下了十分丰富的经验，也留下了大量未有人涉足的商业空白。更幸运的是，现在这本书，在你手里。

——怀沙　自媒体账号"北大怀沙老师"主理人

真实人设：打造变现账号的关键

为什么想拍短视频？可能有人想创业，想为线下店铺引流，想做一份副业，想获得个人成长，想表达自己等。每个人的答案都不一样。但是，大部分伙伴应该都有一个共同的目的，那就是希望通过短视频，获得更多的经济报酬。

尤其是近几年来，我们亲眼看到很多背景不强的普通人成为拥有百万粉丝、千万粉丝的博主，通过直播带货、短视频带货获得巨大的经济回报。所以很多人也跃跃欲试，希望有朝一日，坐拥千万粉丝。

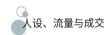
但是那些赚到钱的人，真的只是因为账号的粉丝多吗？我们来看下面这两个账号。

某短视频平台有一个 700 多万粉丝的博主，她是一位幼儿园老师，她最火的一个作品是在幼儿培训班带着小朋友们唱"在小小的花园里挖呀挖"的儿歌。这条视频迅速爆火，成了当时的全网焦点。她也在半年内吸引了近 700 万的粉丝。

该博主在 2023 年"双十一"当天做了一场带货直播，售卖了 20 种商品，其中多为零食、日用品等家家户户需要的产品类型。如图 1 所示，在当天大概两个小时的直播中，总共有 349.2 万人看了这场直播。但实际上，我们看到这场直播的销售额在 5 万元～7.5 万元。（该数据来自公开数据网站，具体数据以官方为准。）

图 1　有 700 多万粉丝的博主的直播数据

　　而我有一位学员叫希子格格，截至 2024 年 6 月 3 日，她的粉丝数仅为 6 万。她在 2023 年 11 月 12 日做过一场直播，虽然仅有 4535 人观看，但这场直播的销售额也在 5 万元 ~ 7.5 万元，如图 2 所示。这只是她一场直播的销售额，而她每场直播的销售额都在 5 万元 ~ 15 万元，并且这些是纯自然流量的数据，没有介入任何的付费流量。那也就意味着，我的这位粉丝数仅为 6 万的学员，已经成功做出了一个月销售额达到百万元的账号。

图 2　希子格格的直播数据

当对比产生时，我想传达给大家的第一个关键信息也随之产生：**爆款内容和流量本身不产生商业价值，粉丝数更不代表商业价值。**根据我多年的经验，我想让大家知道一个大概率发生的事实：一个粉丝数为 1000 却无法赚钱的账号，即使日后增长到 1000 万粉丝，它的商业价值大概率也是很低的。

那我想请大家思考一个问题，为什么那个拥有 700 多万粉丝的博主用了 300 多万观看人数才做到 5 万元～7.5 万元的销售额，而希子格格只用了 4000 多观看人数呢？她们的区别是什么？

我想一定有人回答我，这两个人的商业效率之所以天差地别，是因为一个人吸引的是"非垂直精准"用户，而另一个人吸引的是"垂直精准"用户。

事实真的是这样吗？我们接下来尝试将"垂直精准"概念带入任何一个行业进行推演，假设我们带入房产行业。现在我是一个想在短视频平台卖房子的销售，我的垂直精准用户是当下需要买房的人，而我的非垂直精准用户是当下不需要买房的人。于是在我的视角下，我只要想买房的这些用户，我认为不想买房的用户对我没价值。那么可想而知，我发的一定会是诸如房产介绍、房产知识等围绕"房"来创作的内容。而这样做下去的后果是短视频的流量不会太好，房子的销量也会非常有限。

错在哪儿了？错在我想要当下获得成交和只要垂直精准用户的这种急功近利的心态。

目前，四家主流的短视频平台——抖音、微信视频号、小红书、快手无一例外都是大众平台。而大众平台考核内容是否优质及是否有资格获得更多流量的依据是大众的反馈。**平台会将同时长，并且同期发布的短视频作品放在一起较量。谁能让更多大众做出完播、点赞、评论、转发和收藏等行为，谁就能获得更多的免费流量。**

也就是说，今天我想卖房，我想找到当下就想买房的人。虽然当下就想买房的人在平台上存在，但只要他是一个真实的人，就不可能只对房产这一件事感兴趣。他有可能同时喜欢影视剪辑、情感八卦和美食等类型的内容。因此，如果你希望在短视频平台获得这个用户，你的竞争对手不是其他卖房的同行，而是影视剪辑号、

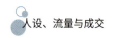

情感八卦号和美食吃播。

不管你想通过短视频平台从事什么行业，要记住：**你的竞争对手不是同行，而是目标用户所感兴趣的一切事物**。理解了这件事，你就会明白为什么卖车的人只讲车、卖房的只讲房、卖课的人只讲课会很难获得流量。因为这就是垂直内容和精准内容的"原罪"。

所以，想在短视频平台赚钱就面临一个两难的局面。一方面，有的人只顾着涨粉、获取大流量，成功拥有百万、千万粉丝后（且不谈是否容易），商业价值也不理想；另一方面，一旦你的内容过于精准和垂直，往往就成了大众不感兴趣的内容，难以获得流量。

那么我们应该怎样做？

我想问大家，即使当下不买房，但是即将结婚的人未来有没有可能成为需要买房的人？准备生小孩的人未来有没有可能成为需要买房的人？我想大概率都会。而这些大规模用户未来又有极大可能成为我们的用户。我把这些人称为大众潜在用户。

如果我们想做到流量和成交兼得，那么当下的战略应该是找到未来可能购买我们产品的大众潜在用户。这意味着，我们应该面向"大众潜在用户"创作内容，而非仅面向"垂直精准用户"。所以，房产账号的内容不应该是讲房子，而应该是讲因为买房而带来的婚姻问题、婆媳相处问题，甚至彩礼问题。

你看，当你理解了你的内容不是要做给"需要买房的用户"，而是要做给"准备结婚，未来可能买房的用户"时，你的开场内容就会从"买什么样的楼盘更有潜力"变成"女方要 20 万元彩礼，没想到找我买房的这个大姐为了儿子结婚直接拿出 50 万元。当我问她为什么要多给女方 30 万元时，她的回答让我觉得这个智慧的婆婆多花的这 30 万元实在是太值了"。这样大众就有了观看的欲望。

在我的这套战略下，行业可以随便换。假如你是做汽车改色贴膜的，你的内容不是要做给"当下需要贴膜的人群"，而是要做给"有车的个性青年"。你的开场内容会从之前的"该选进口贴膜还是国产贴膜"变成"那天我见到一个很酷的中年大叔，他竟然要把奔驰大 G 改成粉色的，我没忍住好奇，问他为什么选这个颜色，他

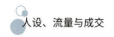

的回答让我感受到了硬汉的柔情"。

你看，当你把目标用户从"垂直精准用户"变为"大众潜在用户"，把"垂直精准内容"变成"大众潜在内容"时，你的内容方向会变得更多、更广，选题也更具吸引力。只有这样，你才能拥有与目标用户所感兴趣的其他内容竞争的资格。你将获得更多的流量。而这些用户是你的"大众潜在用户"，未来他们极有可能在你的影响下购买你的产品。基于这个战略，你就能做出一个流量和商业价值兼得，并且能在短视频平台受欢迎的账号。

所以，垂直和精准这两个词从来不是非黑即白的硬概念，而是度的问题。不管他是准备未来一年内买房，还是两年内买房，不管他是准备结婚，还是已经结婚，他未来总有一天会成为一个需要买房的垂直精准用户。而这套打法对所有的行业都适用。

不管你处在什么行业和赛道，当你受到潜在用户的欢迎，当你被喜欢和信任时，你就有了影响这批用户的资格。你可以用你的观点影响他们的购买决策。

我刚刚提到了一个关键词——"影响"。这是做出拥有巨大商业价值的自媒体账号的核心。因为短视频时代的商业逻辑叫作兴趣电商，也就是说，当你刷到一条视频、一场直播时，你购买的商品通常不是你本来就需要的产品。

当你刷到一个人在卖一本书时，你可能之前并不知道有这样一本书的存在，但是因为你觉得这本书能帮你解决当下的问题，于是就买了。你刷到一条短视频，看到一位爸爸带着女儿在玩一款玩具，玩具的玩法非常有趣。视频里一家人笑得前仰后合，气氛其乐融融。你之前甚至不知道世界上有这样一款玩具的存在，但当你刷到这条短视频时，你觉得如果把它买回家，与你的孩子一起玩也一定会很开心，于是你买了。

做好兴趣电商的关键就是给用户建立"他觉得"。换言之，只要你能控制用户的"觉得"，你就能达成对应的目的。

如果你想让用户想买一款产品，你就要让用户觉得"他需要"，你就要营造一个"他向往"的场景。

如果你想让用户觉得某款产品很便宜，你就要让他

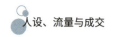

觉得便宜，你就要拿这款产品与其他产品做对比。

如果你想让用户为你的视频点赞，你就要让他觉得你的视频有价值，你就要让他产生情绪。

如果你想让用户关注你，你就要让他觉得他还想看你，你就要给他建立期待。

不论是获取流量的点赞、评论、转发和收藏行为，还是获取商业价值的用户购买行为，请问建立这些行为的关键是什么？如何才能影响用户，产生"他觉得"的效果呢？

这就是本书的核心：人设。也就是说，所有的"他觉得"都是你这个人给他建立起来的。

当你想卖出去一款巧克力面包时，你去介绍这款面包的产品参数大概率是无效的。不管这款面包含不含糖，用料好不好，这些都不能成为别人购买这款面包的动机。

但是，假如你是一位父亲，你做出了一条视频，视频展示了你和6岁的女儿分享面包的场景。你把一块巧克力抹到女儿脸上，女儿也用手蹭下来一块巧克力，把巧克力抹到你脸上，然后你和女儿看着彼此的样子笑了出来。这一笑不要紧，两个人的牙齿上全都是黑色的巧克力，像极了"没牙"的样子，于是两个人捧腹大笑，笑出了眼泪。

这个时候你再对着屏幕说："我每个星期都给我女儿买这款面包，它是大品牌的，不仅不含糖，不会导致蛀牙，而且用的都是高端的食材，尤其适合孩子吃。"

我想这样一条视频大概率是能卖出货的。因为你和女儿营造出来的融洽氛围和欢乐场景是每个家长都想要的，他们会"觉得"这也是他们想要的亲子关系。因此，这就会成为他们购买这款巧克力面包的动机。

而这个动机是由你的真实身份、你和他人的真实关系、你所处的真实场景、你表现的真实状态和你传达的真实感受建立的。你的身份、你和他人的关系、你所处的场景、你表现的状态和传达的感受都是你的人设的一部分。

也就是说，我们一开始提出的太泛的内容没有商业价值、垂直内容又难以跑出流量的两难问题有了解决方

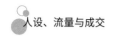

案。**学会运用人设来达成目的就是流量与成交兼得的最优解。**

作为一名自短视频出现就入局并深入实践的研究者和投资人，我用数年时间去探寻人设的哪些因素既能影响流量，又能影响成交。我用了大量时间去思考和实操，并做出了不少成绩。我带出的学员有做出过单条视频达到上亿播放量的全网爆款。我也有将月销售额做到千万体量的学员。

我之所以能精准把控用户动机，一次又一次做出爆款视频，并且带出能够拿到结果的学员，其实得益于我的另一个身份——魔术师。十年前，作为央视的签约魔术师，我上过《曲苑杂坛》和《正大综艺》，以及各大卫视的节目。魔术的核心是引导观众的注意力，让观众看我想让他们看的地方，想我想让他们想的方向。而引导注意力就需要给观众建立动机。

从某种程度上说，魔术和短视频一样，都是在设计观看者的行为。区别是魔术是在现场控制观众，而短视频是在线上通过内容控制用户。

用户成交路线图

当你理解了用户的行为是可以被控制的，你又该如何设计用户的成交行为呢？图 3 展示了用户在看短视频时经历的成交路线，这张图可以帮助你清晰地理解用户是如何一步步走向成交的。

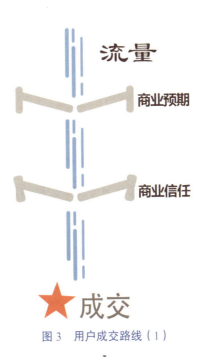

图 3　用户成交路线（1）

我们可以将流量看作流水，而商业预期和商业信任

是两道闸门。水没有方向、四处流淌，和用户随机刷短视频一样，没有任何目的。而要想实现成交，我们要让用户经历两道闸门。

商业预期是第一道闸门，它可以让随机的流量流向成交的方向。商业信任是第二道闸门，决定了最终抵达成交的流量有多少。

在用户成交路线中，内容的优劣决定了流量的多少，优秀的内容带来更多用户的点击、转发和评论。但是如果内容中没有植入商业预期和商业信任，那么用户看完视频也不会走向成交。

商业预期可以简单地理解为通过视频"**我可以买什么**"，**商业信任**则是让用户相信"**我买到的东西是好的**"。

当理解了用户成交路线，我们再来看看，为什么那位老师的一场 349.2 万人观看的直播仅获得 5 万元 ~ 7.5 万元的销售额，而我的学员仅靠一场 4535 人观看的直播就获得了同样的结果。

在那位老师的视频中，我们虽然认同她是一位漂亮且有耐心的老师，但是我们并不认同她卖给我们零食及生活用品这个行为的合理性。这是没有商业预期。

在她的人设中，我相信如果她教我们一些与孩子沟通的技巧应该是值得信任的。但是当她向我们卖零食及生活用品时，她的动机成了单纯地消费流量，我们并不能对她卖的这些东西产生信任。

反观这位卖茶叶的学员，她的一条爆款视频讲的是自己从茶叶新人到茶叶高手的变化过程，比如她如何跟不同的老师学习，如何提升品位，为这个爱好付出了多少努力等。所以在她的人设中，我们知道且认同她对茶叶和茶道的研究。当我们看了她在茶叶领域做过的事、走过的弯路后，对于她可以帮我们挑选出高性价比的好茶叶这件事能够产生信任。

虽然那位老师的流量多，但是商业预期和商业信任这两道闸门没有打开，流量没有方向、呈混沌状态，所以她获取商业价值的效率极低。我的学员的流量虽然少，但是商业预期和商业信任这两道闸门打开了，流量有方向、呈统一状态，所以她获取商业价值的效率较高。

商业信任：对能力和人品的信任

那我们该如何在短视频中设置商业预期和商业信任呢？商业预期是让大家知道你是卖什么的，相对来说是比较好呈现的。但如何让大家产生商业信任却是一个难题。

毕竟线上交易不像线下交易那么直观。线下交易所见即所得，以买水果为例，你在线下看到水果挺新鲜，尝着挺好吃就买了。但在线上你尝不到，也摸不到，买回来的水果可能和视频里的水果的品质完全不同。

但这个问题并不是无解的。想象一下，假如这个在线上卖水果的人是你的老朋友，你信任并喜欢他，是不是就会觉得他卖的水果肯定不错？卖茶叶的学员为什么能让你相信她卖的茶叶足够好呢？因为她表达了在这个行业从新人变成高手的过程，你认同她是一个高手，认同了她的能力。在这个过程中，她也展现了执着追求爱好、打造优质产品的态度，你看到了她的人品，并且相信这样一个人不会骗人。因此，虽然你不能隔着屏幕品尝她卖的茶叶，但因为你信任这个人，所以也信任了她背后的产品。

因此，我们在建立商业信任时不仅要建立用户对物的信任，更重要的是建立用户对人的信任。用户信任了人，自然信任物；不信任人，自然也不信任物。这也是短视频平台上很多勤奋的人，每天都发带货视频，但既没有流量也卖不出东西的原因。他们的着眼点是物，而不是自己这个人。

要想建立用户对人的信任，我们要做两件事。一件事是获得用户对我们能力的信任，另一件事是获得用户对我们人品的信任。

我给大家举个例子。假如你现在想在自己院子的墙上做墙绘，但你不会做，需要找画师。这时候有三个画师。一号画师拿出了自己的过往作品，你看了下，觉得特别难看。二号画师的作品很棒，但是他的风评不好，你听说他之前给别人做墙绘的时候，总是做到一半就用半成品逼迫买家加价。三号画师的作品也很棒，而且大家都推荐他，说他沟通态度好、做事认真、不胡乱加价。

你会选择哪个人呢？没错，当然是第三个。因为你

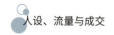
相信他能把这件事做好，也相信他不会骗你。也就是说，你同时信任他的能力和人品。因此，当商业信任转移到人身上时，其实就是指对这个人的能力和人品的信任。其中，对能力的信任是基础。就像故事中的一号画师，即使他的人品特别好，你也不会选择他。当让用户信任你的能力后，你还要让用户信任你的人品，这样才能产生最终的成交。此时，用户成交路线被进一步细化，如图4所示。

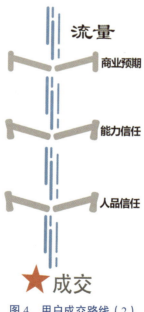

图4　用户成交路线（2）

孔夫子人设模型

既然本书的主题是人设，那么获得用户的信任，从而赚到钱就是我希望这本书能帮大家拿到的结果。

数年前，在我刚入局短视频的时候，我的研究也不是一帆风顺的。我用了很长时间思考如何隔着屏幕获得用户的信任、喜欢和期待。直到看到孔子的一句话，我才豁然开朗。子曰："视其所以，观其所由，察其所安，人焉廋哉？"这句话的意思是当我们知道一个人的所作所为，知道一个人做事的理由，知道一个人的心安于何处、乐于何处，那这个人怎么可能隐藏呢？由此可知，孔子是想教我们识人的能力。

在识人的过程中，看言行是最表层的。虽然它可以帮助我们初步认识一个人，但这只是从表面分析，并不能深入判断对方。我们还需要观察言行背后的动机。他为什么要说这句话，做这件事？就像同样是给灾区捐款，有的人是为了给孩子们创造更好的条件，有的人则是沽名钓誉。两个人行为一致，但动机不同，品行就有高下。

了解动机后，我们还要进一步了解这个人的价值取向。例如，捐款的两个人都想给孩子们创造更好的条件，但一个人是因为被某些场景触动，一时兴起才捐款，另一个人却把助人当作自己的价值取向，使自己心安于此。这两种情况又有高下之分。

所以，通过视、观、察三部曲，我们就可以彻底了解一个人。或者我可以这样讲，我们哪怕没有听过这句话，在潜意识中也是用这套规则去判断人的。我们经常提及的和这个人的气场合不合，以及是否喜欢和认同这个人其实都源自我们潜意识中感受到的这个人的"所以""所由"和"所安"。

如果我们将这三句话反过来用，在短视频中表达出我们的所作所为，我们做事的正向理由和动机，我们的心安于何处、乐于何处，用户在潜意识里就会喜欢、认同和信任我们。一旦获得用户的喜欢、认同和信任，我们又怎么可能做不出一个有商业价值的账号呢？

所以，我将这套人设搭建体系命名为"孔夫子人设模型"。

如图 5 所示，当我把用户成交路线与孔夫子人设模型放在一起时，一套获取用户信任并将用户推向成交的系统就形成了。

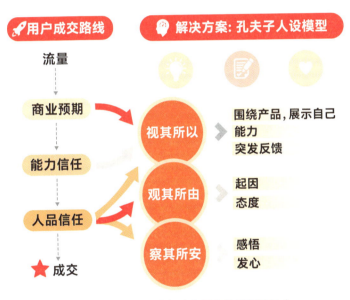

图 5　用户成交路线与孔夫子人设模型的结合

孔夫子人设模型的第一部分叫"视其所以"，这部分会告诉大家如何让用户形成优秀的初步印象，如何让用户产生商业预期，如何塑造商业信任的第一层——对能力的信任，以及如何初步建立用户对我们人品的信任。

孔夫子人设模型的第二部分叫"观其所由"，这部分主要告诉大家如何达成商业信任的第二层——对人品的信任。第二部分会介绍两个人设节点：起因和态度。在视频中添加这些节点更容易让用户从我们的言行中感受到我们的动机，进而信任我们的人品。

孔夫子人设模型的第三部分叫"察其所安"，这部分主要讲解如何让用户对我们的人品产生更深的信任。第三部分会介绍两个人设节点：感悟和发心。在视频中添加这些节点可以让用户从我们的言行中感受到我们的价值观，进而对我们产生深度的信任。

接下来，本书所讲的所有建立人设的方法论将通过孔子的这句话逐一展开。

目录

第一部分

视其所以

在孔子的识人方式中，最表层的识人方式就是视其所以。视其所以是指透过一个人的言行，我们可以对他产生初步印象。

这个初步印象会产生两个作用。第一个作用是让用户对我们产生兴趣。如果用户对我们产生兴趣，就会为我们的视频提供数据，进而推动我们的视频成为爆款。第二个作用是让用户对我们产生认可，而认可是成交的前提。

在前言中我们提到，获得成交需要具备三个条件。首先，我们需要用户对我们产生商业预期；然后，我们需要用户对我们的能力产生信任；最后，我们需要用户对我们的人品产生信任。

第一部分分为三章，第一章主要讲解如何用正确的方式让用户知道我们是做什么的，不仅给出了商业预期的原则，还让我们有更大可能获得流量和用户的信任。

在第二章，我会讲解孔夫子人设模型的第一个人设节点：能力。我会讲解如何通过问出一个好问题，让用户对我们的能力产生认可，在用户和我们之间建立初步信任。同时，我会讲解如何通过问出一个好问题，让用户产生兴趣，让用户为我们的视频停留，完成平台对视频停留数据的考核指标。

在第三章，我会讲解孔夫子人设模型的第二个人设节点：突发反馈。我会讲解如何通过创作突发事件并给出正向反馈，让用户对我们产生认同，让用户对我们的人品产生初步信任。同时，我会讲解如何通过创作突发事件，让用户快速产生期待，让用户为我们的视频停留，完成平台对视频停留数据的考核指标。

第一章

商业预期的原则：
围绕产品，展示自己

每条视频都要添加的基本印象首先是商业预期。

短视频作为成交的河道，我们必须尽快让用户知道我们是做什么的，他们能从我们这里买什么。就像在线下开店时，我们首先做的不是招揽顾客，而是挂起招牌。

植入商业预期就是在视频中挂起"招牌"。大家知道了我们是卖什么的，后续的信任才有方向和意义。

例如，大家都认为你的人品很好，你穿的衣服特别好看，很信任你的品位。但如果大家并不知道你是卖衣服的，这份信任就不会带来成交。

但是，短视频平台作为社交平台，我们在视频中植入商业预期时，一不小心就会"踩坑"。结果就是虽然植

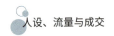

入了商业预期，但是锁死了成交之路，让后续的商业信任无法产生。

常见的"坑"有两个：第一个"坑"是展示产品，忘了自己；第二个"坑"是展示自己，忘了产品。

一、第一个"坑"：展示产品，忘了自己

我给大家看一个案例。某短视频平台有个博主在卖一款错题打印机，针对这款产品，他曾先后发了两条带货视频。第一条视频的点赞量是 77，而第二条视频的点赞量竟然是 2.2 万。两条视频的销售额更是天壤之别。

为什么同一个博主卖同一款产品的结果能有这么大的差别呢？

我们先来看一下点赞量为 77 的带货视频是什么样的。如图 1-1 所示，视频中只有一双手出镜，博主正在演示错题打印机的用法，随着动作的变化，视频上方出现字幕：学霸必备，操作简单，错题直接拍照框选，随时擦除错

误笔迹，原题一键打印，速度快，自带背胶，粘贴方便，省时省力，提高效率！

图 1-1　点赞量为 77 的带货视频

接下来，我们看一下点赞量为 2.2 万的带货视频是什么样的。如图 1-2 所示，我们一打开视频，抒情音乐响起，映入眼帘的是博主的老公伏在书桌前的背影，博主

正走向老公，同时轻声给用户介绍："晚上十点多了，老公还在女儿书桌旁，我来看看他在干什么。"

图 1-2　点赞量为 2.2 万的带货视频

当博主走到她老公的正面时，发现他正在女儿的本子上抄抄写写，博主疑惑地问："你在做什么？"

博主老公一脸无辜地抬头："我在给女儿抄错题呀！"

博主感到无奈，指了指桌子上的错题打印机："这儿有错题打印机，你为啥不用？"

老公委屈地答道："我不会嘛！"

然后博主拿起错题打印机："我来教你。"接下来，她才一步一步地演示错题打印机的用法。

演示完毕后，博主老公发出一句感叹："哎呀，还是这样方便呀！"视频到此结束。

看到这里，我想大家已经能感受到这两条视频的区别了。第一条视频里只有一个错题打印机，没有人出现，产品成了主角。而在第二条视频里，我们看到了一位为孩子操心又有点呆呆的父亲，以及一位担心丈夫睡得晚的妻子。此时，人成了主角，产品只是配角。

其中，第一条视频在植入商业预期时就踩了第一个"坑"：展示产品，忘了自己。

大部分人在卖东西时总是想拼命告诉大家这个产品有多好，有多棒，一直把重点放在产品上。但是，这时候你会发现一个问题，没有人对你的产品感兴趣。只要你满脑子想着展示产品，别人就会觉得你的视频是广告。

你刷到广告是什么心情呢？你会反感，会瞬间划走。除非这个东西是你正好需要的，但是这种概率实在是太小了。而且，一旦你的视频先在用户心里被判定为广告，后面很难获取用户的信任。

所以，我们一定不能把视频的重点放在展示产品上，而应该放在展示自己上。在上文的第二条带货视频中，我们感受到的重点一定不是错题打印机的功能，而是夫妻二人的性格、人品、温馨的生活，以及他们当下遇到的问题。

大家要知道，故事永远比物品吸引人。与了解物品相比，我们更喜欢听故事，更喜欢看别人解决问题。

与人与物的交流相比，人与人的交流更容易让我们产生信任。你想，同样是购买错题打印机，你是会在一条无人出镜、只有机械配音的视频那里购买，还是会在一位为女儿操心的父亲那里购买？

所以，在植入商业预期的时候，我们的重点一定是展示自己，这样才更容易获得流量和商业信任。不过，当得知了重点是展示自己的时候，我们还有可能掉入第二个"坑"。

二、第二个"坑"：展示自己，忘了产品

某短视频平台有一个情感账号，这个账号有大概60万的粉丝，变现情况却不是十分理想。为什么？

我们来看博主在2021年母亲节发的一条视频，他深夜在户外对着镜头回顾自己和妈妈的故事。

在夜幕之下，博主开始回忆童年时妈妈是如何对待他的。

他先抱怨妈妈小时候对他太严厉。他说妈妈从他4岁时就开始揍他，用了笤帚、拖鞋等，一直揍到了14

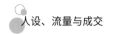

岁。他就这样一直生活在妈妈的权威之下。直到有一次，妈妈为了防止他偷玩电脑，把电脑线没收了，他用电饭锅的线接上了电脑电源。这是他第一次觉得自己战胜了妈妈。

母子之间就这样一直维持着斗争的状态。即使在他大学毕业后，情况还是如此。

他说妈妈为了让他知道上班的重要性，在他最没钱的时候做最难吃的饭。妈妈还告诉他，等他自己有钱了，就可以吃自己想吃的东西。妈妈说如果他不好好工作赚钱，那她做什么，他就要吃什么。在这样的激将法下，他气愤地疯狂找工作机会。但当他用工资买了一个香喷喷的大鸡腿的时候，一瞬间理解了母亲。

他想母亲确实是一个简单粗暴的人，也不懂育儿心经。可是她确实爱自己，担心自己堕落，也担心自己沉迷。

最后，博主用一段真挚的告白结束了这条视频："她没完没了地唠叨，心里一直为我着急。我依旧清晰地记得她30多岁时的样子，即使她现在一直染发，我还是能看到她鬓角刚长出来的白发根，她已经老了……今天是母亲节，她现在也许正跟老佛爷一样躺在沙发上刷着我的视频。妈，我爱你。"

视频非常真诚，后半段博主已经双眼含泪，伴随着抒情的背景音乐，感动了很多人。

整条视频表达的是一个男孩从不理解母亲，到感受到母亲良苦用心的过程，也表达了他从"男孩"到"男人"的变化。

这条视频吸引的用户是哪些人呢？可想而知，会是中老年群体。因为这种从儿子的视角讲述的幡然醒悟的内容，触发的是含辛茹苦的父母的情绪。

在这条视频中，它所表达出的孝顺、体贴的儿子形象，形成了这些父母对他的印象。我相信如果未来他卖一些中老年用户喝的羊奶粉，甚至一些符合40岁～50岁女性审美的围巾、配饰，都是值得尝试的变现思路。

但是，当我打开他的主页发现，他卖的产品竟然是付费情感咨询，产品面向的是年轻人。这意味着他的变

现方式与视频吸引的主要人群，以及他的粉丝需求有严重的偏差。

所以，这个账号虽然有商业预期，但商业预期与内容方向不符。

这就像你拖了一个箱子，箱子上写着卖梨，你说自己种梨多么辛苦，自己的种梨技术多么精湛，吸引来了一大群想要买梨的人。但是你一打开箱子，里面竟然是核桃。这时候，想买梨的人只能扼腕叹息，而想买核桃的人早已在你吆喝卖梨的时候离开了。

这条视频属于爆款视频，有 80 多万的点赞量。我保守估计它有千万的播放量。但这么多的播放量吸引来的大流量，却被白白浪费掉了。

所以，我们不能只展示自己，有时候只顾着展示自己就会脱离产品，会给用户带来错误的商业预期。

三、原则：围绕产品，展示自己

那我们到底要如何做，才能在视频里恰当地添加商业预期呢？其实原则只有一个：围绕产品，展示自己。

以下面这个账号为例，如图 1-3 所示，它有 967.2 万的粉丝，单月销售额在 500 万元 ~ 750 万元，这个账号发的视频基本符合"围绕产品，展示自己"的原则。

图 1-3　××（应季水果）的变现情况

如图 1-4 所示，我们看一条视频，该视频讲的是博主收购水果的过程。视频一开始，一个面容朴实沧桑、穿

着粗糙的农民大爷就叫住了博主:"看看我那些瓜……"

图 1-4 收购卖瓜大爷的瓜

身高较高的博主俯下身来问他:"哪个是你的?金红宝吗?"

博主随着大爷来到了他的小三轮车前,当看到车上的瓜时，他温和地问大爷："你就这一车吗？"

因为水果分量太少，博主有点无奈地朝着工作伙伴笑了笑，转头又问大爷："还没卖呢？"

大爷说："没有，我来得迟，我住得很远……"

博主听到后就问大爷："吃饭了没呀？"

大爷旁边的大娘摇摇头说："没吃……"

听了这话，博主就准备收了大爷和大娘的瓜。他给大爷讲解了自己收水果的标准："我跟您说一下，我们的标准是不要裂口的水果。"然后，博主就冲着工作人员挥挥手，把这车瓜收了。

接下来，博主又给了大爷和大娘一盒盒饭和两张饼，温和一笑说："你们对付吃一下吧，我们中午也吃的这个。"

之后镜头切换，大娘抱着两个瓜过来要给博主吃。他说："我天天吃，不要不要……"

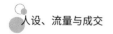

但大娘非常热情，嘴里还说："我再去给你拿俩，再去给你拿俩……"

博主这时候又问同行的工作人员："（收瓜的价格）有加一毛钱吗？"然后他转头告诉大爷和大娘："我们每斤多加一毛钱。"

听到这话，大爷和大娘朴实沧桑的脸上绽开了微笑，握着博主的手不停地说："谢谢，谢谢你……"

直到视频最后，博主才终于掰开了一个瓜，这个瓜金黄脆嫩、汁水四溢。

这条视频只在最后展示了产品，其他时间都是在展示博主自己，让大家感受到他对果农的理解和心疼，以及他的人品。但是，因为视频呈现的是收购水果时发生的事，所以一直围绕水果展开。这个账号发的其他视频基本和这条视频一样，呈现了收购水果时发生在博主身边的故事。

因为视频呈现的是收购水果的过程，所以我们很容易会有商业预期，知道这个人是卖水果的。而他对待果农的态度，以及视频里展现的故事，又会让我们对他产生商业信任。这就是围绕产品，展示自己。

说到这里，可能大家会有疑问：我们具体要展示什么呢？应该如何展示自己？

当然，展示自己的不同面所产生的商业信任是不同的。所以，在后续章节，我在孔夫子人设模型的基础上提炼并细化了六个人设节点，帮助大家高效获得信任。我会手把手教大家如何在视频中挖掘这些人设节点，还会将获取流量的技巧和人设节点结合起来，让大家的短视频变成一条通向成交的汹涌河道。

问题讨论

1. 你能根据本章内容，列举短视频平台的三个账号吗？这三个账号的商业预期植入方式分别是"展示产品，忘了自己""展示自己，忘了产品"及"围绕产品，展示自己"。

2. 如果你现在是一个卖厨房家电的人，你认为什么内容才能做到"围绕产品，展示自己"呢？请列举三个选题。

3. 你现在有想要在短视频平台上卖的产品吗？你认为该如何按照"围绕产品，展示自己"的原则植入商业预期呢？请列举一些相关的选题。

4. 如果你现在还没有自己的产品，那么请思考你身上最让人信任的点是什么？你又适合卖什么赛道的产品？（请初步思考后，带着这个问题阅读后续章节，相信你在看完后续章节后会有思路。）

第二章

能力

一、解决问题，而非传递知识

我们之前讲过，商业信任由两部分组成，一部分是用户对我们能力的信任，另一部分是用户对我们人品的信任。而对能力的信任是成交的大前提。

你是更愿意在一个好物分享博主那里买零食，还是更愿意在一个吃遍所有零食的美食博主那里买零食呢？我想应该是后者。因为对于找到好吃且性价比高的零食这件事，美食博主更有能力。

尤其在某些赛道中，用户对卖产品的人的能力要求很高。这时候，视频更应该重点展示能力。例如，一些

渔具、茶具等高端产品，女生常用的护肤品，知识付费产品等对推广人的能力要求很高。用户买这些产品特别怕"踩坑"，自己是一个门外汉，而判断这些产品的好坏需要专业能力。当用户希望达成目的，而成为高手又有极高的门槛时，他们就更希望借助别人的能力，所以更依赖高手。因此，在一些成长门槛较高的赛道中，财富会流向更有能力的商家。

我相信很多朋友本身就能意识到这一点，也希望通过短视频平台展示能力。而这个时候，80% 的创作者会走入一个巨大的误区。他们试图在短视频平台传递知识。或许正在看这本书的你曾经也这样想过："既然我要做内容，我该教大家什么呢？"

于是卖茶叶的人开始讲有关茶叶的知识：如何挑选茶叶？

修车的人开始讲有关汽车维修的知识：在高速公路上驾驶时发现不正常的声响该如何解决？

卖房的人开始讲有关房产的知识：当下究竟是不是买房的最佳时机？

美容师开始教别人有关美容的知识和手法。

哪怕不属于某个行业的人都想要讲点育儿心经、让家庭和睦的方法、大道理和人生鸡汤，妄图教育别人。最后的结果就是流量不理想。

不少朋友努力之后没效果，不禁发问："难道不是我讲得越好，就代表我越有能力吗？为什么讲知识不仅不能获得认可，还难以获得流量呢？"原因有三个。

1. 短视频平台是大众娱乐型社交平台

首先，不妨换位思考，我们作为用户打开某个短视频平台的第一动机是什么？可能是想获得放松，看一些新鲜的事和自己喜欢的内容。总之，大部分用户的第一动机不太可能是学习。

于是一件矛盾的事情出现了。我们作为用户，不喜欢被教育，不喜欢听大道理，不喜欢听与自己无关的知识。可当我们把身份切换成创作者时，又乐此不疲地教育别人，讲大道理，分享与别人无关的知识。

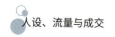

2. 用户无需学习知识，而是要解决问题

我们不妨审慎思考，用户真的需要这些知识吗？假设我开了一家美容院，希望获得更多的客源，想把短视频做起来，那么讲一些美容知识看似是很合理的逻辑。但这里我其实犯了一个大错误：以上思考方式是以行业为出发点来思考内容方向的。如果我们尝试站在用户的角度思考，我不禁要提出一个质疑，需要美容的用户是否真的需要学习美容知识？

美容院的大部分用户是中产太太们。她们有很强的消费能力去消费高单价的美容项目，她们自己是否认为需要学习美容知识？我认为与学习美容知识相比，她们更希望找到一个信得过的专家来一站式解决问题。

把讲美容知识和美容手法作为短视频的内容，且不谈能否产生流量，就算产生了流量，观看短视频的人也未必是能到店的客户。没有时间研究的人才是美容院的客户，有时间研究的人都是同行。所以在很多行业，用户想要的不是知识，而是结果。至于如何展示结果，我会在本章后面继续讲解。

3. 知识讲得好不好，用户听不出来，能听出来的只有同行。

所以，我们会发现，当知识讲得不好时，我们的流量不理想，即使知识讲得好，我们顶多能吸引一些同行。

那我们如何展示能力才能既吸引用户，又能让用户信服呢？

答案是解决问题。

二、一个好问题值千金

既然要解决问题，我们就要定义解决什么问题才能既展示出能力，又能做到流量和商业价值的兼得。

我给出的答案是要解决跟每个人都相关的问题。你的问题涵盖的人群越少，流量的天花板就越低；你的问题涵盖的人群越多，流量的天花板就越高，你做出爆款内容的可能性就越高。

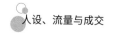

假如你是一名钢琴老师，你要解决的问题不应该是"弹钢琴时如何快速且平稳地实现远间隔按键衔接"，而是要解决大众的问题，如"如何在朋友面前假装你很会弹钢琴"。

假如你是一名厨师，你要解决的问题不是"炒菜时，如何掌握火候"，而是"第一次去女朋友家如何给未来岳父表演颠勺"。

我相信大家能看出以上两个选题的区别，也能感受到哪个选题更吸引人。而区别是你的内容究竟要对谁做。

如果你解决的是专业问题，你的内容吸引的就是那些专业度不如你的同行们。只有你的内容是对大众做的，你吸引的才会是大众。

如果要吸引大众，你在思考内容的时候就必须从专业里跳出来。你要解决的问题不应该是专业里的问题，而应该是专业外的问题。所以，你要考虑用户作为非专业的普通人，他能用你的专业解决什么问题。

当你能用专业里的能力解决专业外的问题时，你的视频才算是真正对大众有价值的视频，你获得流量的概率当然就会大幅增加。

因为你并不知道算法会把你的视频推荐给什么人群，所以让你的能力为更大规模的人群带来价值才是获得流量的最佳方法。

你解决的问题越大众，你的流量天花板就越高；你解决的问题越小众，你的流量天花板就越低。

当你理解了这套逻辑，我想考考你，一个自由搏击的格斗老师如果想在自媒体平台赚钱，应该做什么内容呢？

他如果讲"如何提高出拳的速度"会有很多人需要吗？我想用户需要的概率很小。但是如果一个格斗高手教你"孩子在学校被坏孩子掐脖子时，该如何保护自己并反击"，我想这样的视频会引起所有担心孩子在学校被欺负的父母的关注。

如图 2-1 所示，这条视频就用了这个选题，获得了90 多万的点赞量。我估算它的播放量大概是 5000 万。如果博主开一个线下培训机构或做线上的课程，这条视频很有可能为他带来百万级的利润。

图 2-1　格斗老师教孩子保护自己

当你能设定好你的问题时，接下来可以围绕这个问题为用户建立观看动机，持续加强开场的吸引力。

三、建立观看动机的三部曲

当你提出一个问题，并希望这个问题能够吸引人时，我推荐三个自己多次使用，且从不失手的方法：给出后果、给出两难、给出好处。

1. 给出后果

一个问题，如果无法得到解决的后果越严重，这个问题就会越吸引人。当一个严重的后果摆在每一个刷到视频的人的面前时，人的避险本能会被迅速唤醒。用户将期待你有什么方法能避免这个严重的后果。

例如，我之前见过一个维修手机的账号做出过一个全网爆款作品。作品的开场表述如下。

> 今天一早有人拿着一部摔得稀巴烂的苹果手机行色匆匆地来到我的店里。我接过来一看，怎么能把手机摔成这个样子呢？这明显已经彻底报废了，不可能修好。我刚要拒绝，没想到对方说这部手机是他父亲的，他父亲不久前遇到了意外。他说手机里存着非常重要的资料，虽然他不能告诉我资料的具体内容，但是手机里的资料决定了他能否找到关于父亲的真相。所以，他请我帮他把手机里的资料找回来，花多少钱都可以。

当时这条视频有 200 万的点赞量，师傅尽力解决了，但是没能修好。尽管如此，这也是一个很打动人的作品。

大家不妨思考一下，我们为什么会关心别人的手机能否修好这个问题？答案是后果足够严重。虽然博主没有说出资料的具体内容，但是能否找回资料似乎决定了一件重大事情的结果走向。

当后果足够严重时，用户就会关心一件原本跟他没关系的事情。

2.给出两难

当你解决一个问题时遇到进退两难的情况，所有人都会好奇破局之道在哪里。我曾在某短视频平台看到一条 20 万点赞量的视频，它的开场如下。

我陷入了一个回不回家的选择。因为我只有三天假期，如果回去，会把大把时间浪费在路上，不能好好休息。如果我不回去，下个假期是国庆节，距离现在还有小半年。在大城市打拼的压力让我好想回家当一回孩子。我在家庭群问爸妈："你们国庆节放不放假？"我爸回复："放，你几点到？"

这条视频给出了一个非常常见的两难情形。其实这是一件很小的事，但能获得这么多的流量推荐，我们可想而知这个开场的留人功能是很强的。

因为两难代表冲突，两难代表有一个不得不解决的问题。两难就像脑筋急转弯的谜面，你看到了谜面，特别想知道谜底。

　　我还记得一个家装设计师的账号，他有一条获得几十万点赞量的爆款作品的开场是"如何在只有一个马桶的情况下，满足十个人同时上厕所"。这个开场一听就是虚构的和极端的。现实生活中不太可能有家庭会产生这样的需求。但是当谜面一出来，所有人都想知道谜底是什么。就算这个人是编的，我们也想听听他如何往下编。这个设计师后面就这个不靠谱的问题进行了方案设计，这个作品也成了一个爆款作品。

　　曾经我也用两难开场做出过平台级爆款作品。我孵化的账号"北大怀沙老师"刚刚起号的时候，在小红书平台发了一条视频。这条视频的开场如下。

> 　　霸凌这件事，我女儿在一年级的时候遇到过。一个叫大美（化名）的女孩，把我女儿的橡皮从楼上窗户扔了下去。后来我逼问女儿才知道，这已经不是第一次了。大美和另一个女孩形成了一个小团体，排队的时候插我女儿的队，课间开我女儿的玩笑。而扔橡皮已经是第三阶段了。我深知所有的霸凌行为都是从小的试探开始的。如果我坐视不管，

这些试探未来很有可能演变成真正的霸凌。我要告诉老师吗？没用的！因为没有实质的伤害发生，即使老师找到大美，人家也不会承认。但是如果我不告诉老师，等真正的伤害发生时不就晚了吗？唉，作为一个父亲，那个时候我真的感觉很无助。

当然，我们在后面给出了行之有效的解决方案。但也得益于这个两难开场，这条视频能在一开始就牢牢抓住用户的注意力。

这条视频当时在小红书平台获得了 148 万的播放量，在微信视频号也获得了 150 万的播放量。而 148 万的播放量在当时的小红书平台就已经达到了全站推荐的级别。

所以，如果你担心你要解决的问题无法获得用户的停留，你就给出让你左右为难的情形。给出让你左右为难的情形就如同给出了脑筋急转弯的谜面，用户会期待那个谜底，期待最后的结果。

3. 给出好处

如果解决一个问题获得的好处很大，这个问题就会十分吸引人。当巨大的好处摆在每一个刷到视频的人的面前时，人的趋利本能会被迅速唤醒。用户会等着看你最后获得这个好处的情形。

我们经常能刷到抽奖形式的内容，如把 5000 元奖金和一些惩罚扣在不透明纸杯下面，让公司的员工来抽奖。这样的内容总是能有不错的播放量。我们也经常能刷到街头提问，如答对 10 个问题就能获得 100 元。

在 TikTok 上有一种类型的短视频非常火爆。一个富豪做社会实验，他假扮乞丐在街头寻求帮助，找路人要 10 美元。如果遇到愿意给他 10 美元的人，他会回馈 1000 美元作为感谢。

当时这个系列的内容在 TikTok 上非常火爆。用户之所以期待，是因为不仅想看到谁能获得这个巨大的好处，还想看到对方获得好处后的反应。

当理解了给出后果、给出两难、给出好处这三个快速提升问题吸引力的方法后，我们会发现这三个方法还可以组合运用。我的账号中就有综合运用了这三个方法，并获得了不错的播放量的视频，这条视频也成了给我的账号带来较高商业价值的典范。我现在把视频内容叙述一遍。

这件事我本来想明天说的，但是我真的等不了了。这两天这位残疾人父亲爆火了。他虽然没有手，但是他用双臂捏出来的每一个泥人都既漂亮又精致。

虽然央媒和网友都在发他的视频，他也一举冲到了抖音涨粉榜的第四名，但我在他身上看到了更大的价值。我想讲出来，想帮他一把，也是在帮我自己。

这个人叫米周，因为一场意外失去了双臂。前两天我刷到了他，在惊叹它竟然能捏出如此巧妙的泥人的同时，也被他对于生活和家庭的态度打动了。

于是我立马买了一个他亲手做的泥人，想作为礼物送给我两岁半的女儿。可当我看到他的带货数

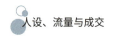

据时，我突然意识到这里面有一些不对劲的地方。

他的橱窗显示，他卖出去了一万六千多个泥人。因为爆火而受到大量关注，他短期内的下单量暴增。虽然我相信每一个下单的人都跟我一样，不会催米周发货。但我意识到，对于米周而言，所有没做完的订单都会成为他心里的负债。他不会管人们下单的目的是不是真的想要这个泥人，他会秉持着真诚的态度，把每个泥人都做完再发走。

如果因为近期他的热度高，订单越积越多，那么他不停地做泥人势必会减少很多陪伴家人的时间。如果热度越来越高呢？即便他做得再快，也追不上大家好心下单的速度呀！

而我作为在商业自媒体领域摸爬滚打多年的人，知道热度有起就有落，我担心热度消退后，泥人的订单数量会急速减少。如果突然没钱赚了，米周的心态就会受到极大的影响。

我思考了一下，本质是米周的商业模型出了问题。因为说实话，我们大多数人购买泥人不是为了泥人本身，而是为了帮助米周。但如果米周能真正帮助用户解决更大的问题，这就是他能稳定盈利的商业模型。

　　而做到这一点其实也很简单，一共需要两步。第一步，把展示捏泥人的视频换成教大家捏泥人的教程。我们这些家长真的很发愁周末应该带孩子玩什么。如果你愿意教大家捏泥人，就解决了家长的一个大问题，家长可以跟孩子愉快地共度周末。这样你就完成了从用户帮你，到用户真的需要你的转变。而这种需要会让大家对你的关注更加稳定。

　　第二步，在你的橱窗里添加一件商品，你就卖做泥人用的轻黏土原材料和工具包。如果你这样做，我肯定第一个购买，我会带着我的女儿边看你的视频边捏泥人。而你可以多分一些时间陪伴家人，然后固定直播，每天直播三个小时，带着粉丝们做泥人。这样我们也能跟着你的直播学习，你的直播的留人率会大大提升，你也会有更多的流量去卖更多

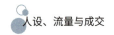

的原材料。这样做最大的好处是未来你不用一个一个亲手做泥人了。

米周，不知道我的建议会不会打扰到你？但是这确实是我能想到的，既不用让你改变太多，也能让你轻松一点，又能让你有所增收，还能让你不断维持热度的一个一举四得的方法了。

我想对你说声谢谢，因为这两天我在压力特别大的时候刷到了你的视频，你对生活的态度鼓励了我。加油，全国人民都看着你呢！你给了很多平凡人一个面对生活、好好生活、为社会创造价值的理由。加油！

如果你用心看完我的逐字稿，会发现我在一条视频中综合运用了"给出后果""给出两难"和"给出好处"三个方法。

"给出后果"的部分出自我在前面提出的一个问题——"大家虽然是好意，但订单越积越多，米周做不完，也没时间陪家人"。没时间陪家人就是我所强调的这个问题的后果。所有看到这里的用户这个时候就会期待我如何解决这个问题。

"给出两难"的部分是"热度高的时候他做不完，但等热度过去，他没有曝光之后，他的收入就会骤停"。这个时候，用户更加期待问题如何被解决。

"给出好处"的部分是我在说完解决方案后，展示了解决方案的四个好处——"不用改变太多，让米周更轻松，不断维持热度，还能有巨大增收"。这个时候，整篇内容来到了情绪高点，用户们也是在视频的这个位置纷纷点赞，这条视频获得了100万的播放量。而且因为这条视频同时展示了我的能力和人品，用户是带着信任关注我的，所以对于我日后的转化和变现非常有利。我保守估计，这条视频至少为我带来数十万的销售额。

但大家仔细想想，这条视频如果不是在解决问题，而是在讲知识，又会怎样呢？我想它一定不会有这么多的流量。因为这条视频的知识部分是"手艺人如何做短视频实现商业变现"。如果我用传递知识的方式去讲这个

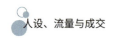

选题，那么非手艺人都会划走。当没有完播和互动，也没有更多的观看者时，视频不可能获得现在的好成绩。但当我把讲知识换成解决问题时，事实就是这条视频帮我带来了各个行业的付费学员。

四、解决问题的三大方式

当你理解了建立观看动机的三部曲后，下一个问题是该如何解决问题才能迅速让用户认可你的能力。

我分享三个屡试不爽的通过快速解决问题来展示能力的方式：能给对比、快给变化、敢给观点。

1. 能给对比

我先给大家看一张图片，如图 2-2 所示。图片中呈现的宿舍的装修和装饰水平应该算是比较一般的，我相信现在看到这张图片的你应该跟我的感受是一样的。

图 2-2　宿舍改造

　　可是，这条视频的点赞量超过 266 万。也就是说，有超过 266 万人为这个装修和装饰水平很一般的宿舍点赞，为什么？

答案是我们刚刚看到的这张图片是视频的结尾画面。
而视频的开头画面如图 2-3 所示。

图 2-3　宿舍改造之前的样子

视频里的博主花了很少的钱，将一个破败不堪的宿舍改造成舒适干净的宿舍。而这 200 多万人是为博主的能力点赞。评论区有很多人询问博主有关装饰和采买布置的问题。如果博主有很好的商业计划承接，这条视频就是一个拥有巨大商业价值的作品。

也就是说，我们解决一个问题的结果不一定要非常惊艳，但是如果"解决问题前"和"解决问题后"的情况的反差极大，就足够将我们的能力有效地传到用户的心里。

2. 快给变化

刚才那条视频能够为用户带来极大的冲击的第二个原因是博主快速给出了变化。如果他用了一年时间将一间破房子改造成现在的样子，我想大家不会认可他的能力。但是如果他只用一天时间就做到了，那么大家肯定十分信任他的能力。同理，在视频的表达方面，他在 20 秒内快速给出变化，和用一个 5 分钟的视频慢慢给出变化的效果也是不同的。

如图 2-4 所示，这是一条油污清洁剂的广告视频。博主用清洁剂一喷，用抹布一擦，快速给出了变化，让用户感受到了强烈的对比。这条视频极大地展示了清洁剂的去污能力，成了一条非常有效的带货广告。

图 2-4　卖清洁剂的视频

大多时候，能给对比和快给变化是可以组合运用的。因为变化而产生对比，如果你的出现让问题得到了解决，让现实产生了变化，带来了明显的前后对比，用户一定会迅速相信你的能力。

3. 敢给观点

如果你尝试大量观察那些有巨大商业价值的博主，你会发现他们的共同点是"敢说话"。当然，确切地讲，我口中的敢说话其实是敢给观点。因为观点代表倾向，一旦有了倾向，你总能击中一部分用户。

例如，有的讲短视频的老师表达的观点是，"抄"是最快做出成绩的方法。而我不以为然，我始终认为传递自己真实的优势和能力才是获取用户信任的关键。没有信任，何谈商业价值？

我的观点和市场中的一些老师的观点形成对立，用户自然被分化成两部分。有的人希望在省心省力的同时还能做出成绩，他们会倾向于相信鼓励抄袭的老师。有的人希望获得实打实的能力，让自己不断精进，拥有做

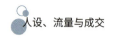

成商业 IP 的能力，他们会倾向于相信我。

我先不谈这两种观点的对错，我想先强调的是这两种观点都有市场。所以，你首先要敢给观点，绝不能保持中立，保持中立就意味着没有用户。

但你也不要为了“不中立”而随意站队和表态。因为你的观点来自你对事物的看法，也来自你的价值观。

说到价值观，我们再来看看上面这两个对立的观点。那些鼓励抄袭的老师虽然有受众，但这些受众是因为认同抄袭，所以才认同他的。这就意味着，这些人更希望不劳而获，而不是勤奋努力。那么事实是鼓励抄袭的老师的变现情况通常不会很好，很难成为头部老师。因为他们从一开始吸引的就是不劳而获的人。

而我之所以能成为在这个行业常年领先的头部老师，正是因为我的用户是做好准备，为做好商业 IP 而持续奋战，不断付出时间和心血的。吸引的人对了，结果才是水到渠成的事。

我们再回忆一下孔子的话。子曰：“视其所以，观其所由，察其所安，人焉廋哉？"我们看一个人的所作所为，看他做事的理由和动机，看他心安于什么、乐于什么，这个人还如何隐藏呢？

这句话的言外之意是你做了什么，就会吸引认同你做法的人。我可以这样讲："你卖弄什么，你就只能卖什么！"有的女主播卖弄美色，最后几乎只能靠直播打赏来赚钱。而有的女主播表达真实的自己，她或许有望做成一个以女性粉丝为主的高效变现的账号。

你卖弄什么，你就只能卖什么。如果你通读完我的整本书后，把其他内容都忘记了，我也希望你能记住这句话，因为它会成为你在商业 IP 道路上持续做正确选择的原则。

问题讨论

1. 你在短视频平台购物时，有没有遇到因为信任对方的能力而购买对方的产品的情况？请分析自己当时的心理过程，并结合本章内容分析那个博主是如何让你产生这样的心理过程的。

2. 对于卖零食、卖健身用品和卖课，你认为卖哪种产品对能力的要求更高？请分析一下，你的产品是对能力要求比较高的产品吗？

3. 围绕你的产品，你认为有什么可以展示的能力？请思考三个可以展示能力的选题。

4. 如果你现在没有产品，思考一下，你身上有什么优于别人的能力吗？请列举出来。

第三章

突发反馈

在本章开始之前，我想与大家探讨一个问题，短视频平台究竟是一个什么平台？

思考这个问题很有必要。因为如果不明白这个问题，我们就会像无头苍蝇一样，不知道该做什么，更不知道自己正在走的路能否有结果。

或许有朋友会说："短视频平台是内容平台。"但我认为"看优质的内容"并不是短视频平台的主要价值。因为如果想看优质的内容，我们完全可以打开爱奇艺、腾讯视频等影视平台，或 B 站这种专注于提供完整内容的平台。请大家回忆一下，曾经在短视频平台风靡一时的剧情类内容，现在是不是越来越少了呢？

其实现阶段，短视频平台是什么平台，该具备什么功能，未来会如何发展已经越来越清晰。

短视频平台应该被定义为一个新型的社交平台。它具有窥探感和随机性。每刷到每一条视频，我们就像"站在自家窗户前，拿着望远镜窥探别人家窗户里正在发生什么"一样。

我们想要新鲜感和刺激感。我们不在乎这个"窗户里"的内容是否完整和精良，也不在意对方用什么形式来呈现。

我们在意的是"这个作品能不能留住我"，以及"我想不想多看两眼"。这个人能为我带来什么价值？别人的生活是怎样的？今天我能看到什么新鲜事？最近有什么我不知道的事？最近我的朋友们看了什么视频？评论区有没有有意思的评论？

我们打开爱奇艺、腾讯视频等影视平台看内容，是在与"虚"的人、事、物进行交互。但我们打开短视频平台，是在与"实"的人、事、物进行交互。这里面最大的区别是"假"与"真"的区别。我们打开短视频平台的动机是想看点"真"东西。

这也是在短视频发展的这些年中，诸多头部网红崛起又衰落的原因。如果我们试着回忆，就会发现，崛起的网红大部分是因为"真"；而衰落的网红大部分是因为"假"。

"打假"博主之所以大量崛起，也是因为现在的用户对真实世界中假的人、事、物已经达到了零容忍的状态。而这些"打假"博主中也有不少人因为"假"而"翻车"。这导致现在的用户不再轻易相信他人了。用户一方面想看"真"的人、事、物；另一方面又谨慎地管理着自己的信任，质疑一切有虚假嫌疑的人、事、物。

在这种大众情绪下，我发现有一种场景只要出现，就能轻易获取大部分用户的信任。我把这种场景称为突发反馈。

突发反馈的意思是一个人在突发事件下给出的反馈，这个反馈通常是这个人最真实的状态。因为"突发"意味着没有时间思考，所以一个人面对突发事件的反应是本能的、最真实的反应。

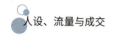

假设我们认识两个人：小张和小王。小张每天把女士优先、尊重女性挂在嘴边。小王则是在地铁上面对陌生女子被陌生男子骚扰时，第一时间挺身而出，与男子正面对峙。我们肯定会认为小王才是那个真正的绅士。

因为地铁上发生的事情是小王意料之外的，小王的所作所为是出于本能。即使我们不在现场，无论是从他人口中听说，还是听到小王事后的复述，我们都会立刻相信，小王是一个尊重女性且愿意保护女性的绅士。看到或听到一个人在突发事件下的反馈，就会下意识相信某个事实，这也是绝大部分用户的本能。这意味着，如果我们能合理地展示遇到突发事件后的反馈，就能轻易获得用户的认同。

一、表达事件，而非作品

上一章，我提出了一个做视频的建议：展示能力，而非知识。本章，我再提一个做视频的建议：表达事件，而非作品。

作品和事件的区别在我看来主要有两个：

（1）作品须完整，事件可以是片段；

（2）作品形式复杂，事件的表达形式简单而自由。

1. 作品须完整，事件可以是片段

爆款短视频能成为爆款的前提是用户看到这条视频的第一眼就能产生期待。

而这个期待又是如何产生的呢？写到这里时，我拿出手机刷到两条视频。第一条视频是一个孩子抱着猫号啕大哭，如图 3-1 所示。

看到这条视频时，我们一定不会划走。因为我们想知道他为什么哭，以及他哭的原因与这只猫有没有关系。显然，这条视频的效果很好，已经破了千万播放量，点赞量也超过 29 万。

图 3-1　孩子抱着猫号啕大哭

　　当看到视频中的画面时，我们立刻就能意识到，一定发生了某件事。同时，我们会好奇，为什么这个孩子哭得这么伤心？接着，我们听到这个孩子通过拍视频和自己的猫咪告别，他边哭边说："我妈妈要把我的猫送走，不让我养了。我再也见不到我的咪咪了。呜呜……"

用户观看这条视频的过程是先感知到一段情绪，从而对一件事产生好奇。用户感受到的事件甚至都不是完整的，创作者也没有从头到尾地讲述这件事。这种感觉就像你远远听到路边有人在吵架，你看到周围围了一圈人在看热闹，于是你走了过去。显然，他们已经吵了一会了。你不明所以，但你之所以继续观看，就是因为想知道发生了什么事。

诸多爆款内容正因为是片段，才让用户产生好奇，从而获得了很好的完播数据。但如果你把短视频当作完整作品来创作，你会担心用户看不懂，总想交代清楚前因后果。殊不知在你交代的过程中，用户就已经划走了。你想象一下，对于刚刚这条视频，如果你把它当作完整作品来创作，那么开场可能是这个孩子很冷静地坐在镜头前说："大家好，我是×××。今天我的心情很不好，因为我妈妈做了一个决定，她决定把我的猫送人，我特别接受不了。"

如果用户看到这种开场，我相信当"大家好"这三个字一出来时，他们就划走了。

当理解了短视频的片段属性后，我们甚至可以大胆地在一件事当中"砍一刀"，不给前情提要，直接把"情绪"爆发阶段作为视频的开场。不要太低估用户，用户自己会根据情绪背后的信息猜想整件事的来龙去脉。

创作的前提是要有真实的事发生。所有社交片段都依托于一件可以分享的事。你可以把用户想象成你的好朋友或隔壁工位的同事。你可能会跟他们说："哎，我今天听到一个劲爆的消息！"你通常不会跟他们说："我告诉你三个方法，能让你成为一个有价值的人，尤其是第三个，最重要！"

所以，不要把短视频当作作品来表达，而要当作一件事。你甚至可以在这件事当中"砍一刀"，直接从情绪表达开始。不用考虑用户是否看得懂，那是用户自己的事，他自己会想办法了解事件的全貌。用户喜欢"玩"，如果你都替他想全了，他就没什么可"玩"的了，只能划走。

2. 作品形式复杂，事件的表达形式简单而自由

看完男孩抱着猫哭的视频，随即，我大拇指一划，刷到了下一条视频。

视频一开始就是地铁车门打开的一瞬间，一群人蜂拥般跑进来，争抢地铁上的座位。最后剩下一位大叔，他刚要坐下来，座位就被抢了。当他看到对面还有最后一个空位、刚走过去时，那个座位又被抢了。

这条视频的完播率很高，点赞量和评论数也很多。根据 176 万的点赞量，我估算它有 8000 万的播放量。

很多朋友非常纠结以什么形式来呈现视频。其实这件事一点也不重要。用户从来不会在意他刷到的下一条视频是什么形式，用户只在意刷到之后是划走还是看完。

所以在我看来，你有没有想要分享的事才是关键。刚刚那条地铁抢座的视频的形式是随拍。但是大家的关注点不在随拍本身，而是视频中一群人蜂拥而上，一位大叔连续两次抢座都未成功、十分失望的过程。

如图 3-2 所示，我们从这条视频的高赞用户评论中也能感受到，用户觉得这件事本身很有趣。

图 3-2　地铁抢座视频的评论区

所以，做出好内容的前提是你有没有想要分享的事。如果一件事无法让你产生情绪，那么这件事注定无法成为一条受欢迎的短视频的素材。

在短视频平台，有的作者通过视频和照片记录一件事，然后配上音频，我们称这种表达形式为 Vlog。有的作者因为在事件发生时来不及做任何记录，于是在事后把镜头对着自己，用讲述的方式还原事件，我们称这种表达形式为口播。

如果你表达的是一件用户感兴趣的事，那么用户完全不介意你使用了哪种表达形式。

在我看来，那些整天想着用什么表达形式的人普遍缺乏对有趣事物的感受能力，以及遇到事情后的反思能力，所以才会过度重视形式。

有事就表达事，没事也没必要"硬做"内容。你与其期望找到某一种形式去一直输出别人不感兴趣的内容，不如多去感知自己的情绪，思考每件事发生后自己获得了什么价值。如果你不在意价值，只在意形式，就会做出形式大于内容的"炮灰"作品。

如图 3-3 所示，这条视频无人出镜，画面呈现了桌子上的电脑和笔记本等物品，并且保持静止。但声音传达了一位男士与自己的妻子沟通的过程。

这条视频毫无形式可言。视频一开场，女人说："你再重复一遍今天下午说的那句话呗。我想录一下。"后面他们谈论了从三年前的一穷二白，到现在每个月能有不错的收入的原因。他们在探讨这三年影响财富增加的最重要的原因。

图 3-3　夫妻二人探讨财富增加的原因

该视频获得的 5 万点赞量，就是用户对他们探讨的事件，以及事件背后的价值的反馈。

用户对正在发生的事件的期待远远大于对一个道理或感悟的期待。用正在发生的事件引发用户的停留，等用户了解事件的全貌后，再让用户懂得一个道理或获得一个感悟。这是我从事自媒体工作多年屡试不爽的有效方法。

二、创作突发事件的三大内容结构模型

事件的优势是能迅速引发用户的期待。但是这不代表所有的事件都能让用户产生兴趣。这里我想讲三个创作突发事件的内容结构模型。它们是我多次运用都行之有效，并且帮助我和我的学员取得巨大成绩的模型。

1. 目标阻断

目标阻断是第一个内容结构模型。内容逻辑如下：我有一个目标，正按照计划推进，突然出现了一件预期以外的事阻断了我的计划，我将如何应对？

如图 3-4 所示，这条点赞量超过 328 万的视频就运用了目标阻断。我可以估算这条视频的播放量高达上亿。

图 3-4　目标阻断的案例

以下是这条视频的开场。

我被困在了一地水的中央，找不到下一步落脚的方向。我要去的地方被一片丛木遮挡，我看不清路况。有人从水中踮脚走过，边走边抱怨弄湿了衣裳。有人另辟蹊径踩着花坛越过了障碍。我不想沾湿脚，也不想把鞋弄脏，更担心路的前方是另一片汪洋。

这条视频就运用了目标阻断呈现了一个两难的情形。它的播放量之所以高，正是因为用户停留率、完播率和互动率都远高于同期视频。而用户之所以停留，正是因为这条视频一开始就向我们展示了目标阻断带来的困境。

我在上一章讲过两难。两难就像脑筋急转弯的谜面，谜面一旦出现，用户会等待谜底。而目标阻断正是表达两难的实用方法。

但在真正思考选题的时候，一提到目标阻断，大家

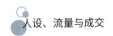

就容易去想大事的目标。例如：我的事业目标，培养孩子的目标，个人发展的目标。这些目标要么很大，不容易实现；要么很虚，不够具体。

其实我们会发现，很多短视频并不需要去讲一件很大或很刺激的事情。能不能找到符合条件的小事才是一个创作者功底的体现。

例如，"昨天我陪孩子睡觉的时候，他突然不让我抱了。这很奇怪，之前我不抱他，他都睡不着觉。我得弄明白孩子心里是怎么想的"。

再如，"我的店铺得到了一个差评，现在我要给这个客户打电话，请他帮忙删除差评"。

"昨天我跟朋友发生了一点小误会，我思考了一下自己做得不对，我要去跟对方道个歉"。

"我老公最近多了个毛病，随处扔脏袜子，我要跟他谈判一下"。

……

这些虽然都是很小的事，但只要我们针对这些事想到了目标，并且在推进目标的过程中遇到了预期以外的情况阻断了我们的计划，这些事就能成为好素材。

我们在运用目标阻断的时候，如果目标很吸引人，视频就从目标开始。如果目标不够吸引人，或者大众对我们的目标不够感兴趣，我建议视频直接从阻断开始。我们无需过度交代前情。我们需要在不考虑完整性的前提下，优先保证视频的留人能力。人留不住，后面的内容再好，也没人看到。

2. 突发奇想

突发奇想是第二个内容结构模型，内容逻辑如下：我因为看到了某种事物，产生了某种灵感或想法，从而产生验证灵感或实现想法的行动，此行动又将为我带来怎样的结果？

如图 3-5 所示，这条点赞量超过 375 万的视频，就很好地运用了突发奇想。它属于全网爆款视频，至少有上亿播放量。

图 3-5　突发奇想的案例（1）

该视频文案如下。

它趴在这个地方一直往外面看，我看外面就是一些楼，也没什么可看的。然后我突然想到，我是不是可以从它的角度，看看它每天都在看什么。（随后，博主放低手机，以猫的视角拍下了外面的风景，如图 3-6 所示。）接着我就趴下……啊，谢谢小猫！原来小猫每天看到的都是这么美丽的天空。

图 3-6　突发奇想的案例（2）

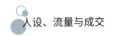

这条视频之所以能让用户停留，是因为博主提出了一种非常规视角，即"小猫看到的景象应该与我不同"。于是用户就会产生期待动机：想知道小猫看到的景象是怎样的。

我之所以将这种内容结构模型称为突发奇想，正是因为它需要你跳出固有思维的限制。优质的短视频创作者在创作时始终秉持一个原则：推己及人。优质的社交内容通常是创作者自身听到、看到、想到一种可能性，有强烈的动机去做一件事，用户才会有动机陪创作者一起验证结果。如果验证结果能引发创作者的情绪，那么这条视频也注定会让等待的用户产生情绪。

我之所以将短视频内容称作社交内容，正是因为它是创作者自身真实体验的分享。所谓"**我即是用户，用户亦是我**"，这句话一直是我与我的学员秉持的内容创作哲学。

同时，这对一心只想赚钱，对生活周遭的事物缺乏感知的创作者也是一种挑战。但无奈的是，好内容一定是先打动自己，才能打动用户。拥有了数年短视频教学经验后，我可以负责任地讲，为了创作一篇内容而创作一篇内容的创作发心通常不会为你带来一个好作品。所以，我建议所有希望提高内容产量的创作者能让自己有更多的机会去接触新鲜的人、事、物，以及尝试多去感受和思考。这才是质量与数量兼得的方法。

如果你是一位家装设计师，理解了这件事后，你可能会做以下选题：如果把两室一厅的民宅设计成森林，会有什么效果？

如果你是一位餐厅老板，看着店里边吃饭边哼着小曲的女孩，你可能会陷入沉思：如果给她拿一个麦克风，让她给全店的顾客唱一首歌，她会不会答应？

我相信这些内容都能让用户感受到你与其他同行或同类型博主的不同之处和有趣之处。

在运用突发奇想创作内容时，我建议你在开场直接表达出能触发你突发奇想的事物，并紧跟着你的想法和目的，这样才能快速为用户建立期待动机。一旦你为用户建立了期待动机，完播率就会有保证，你的视频将有巨大的可能成为爆款。

3. 见状恻隐

见状恻隐是第三个内容结构模型，内容逻辑如下：因为看到特定的人、事、物而产生忧愁、恻隐或不忍之情，决定介入，使结果发生变化。

我曾见过一个账号持续使用见状恻隐创作了多条爆款视频。其中，最具代表性的一条视频获得超过 365 万的点赞量，我保守估算它至少有 1 亿播放量。

如图 3-7 所示，这是一条用家庭监控拍下的视频，博主配以文字来表达。视频全程没有录音旁白或真人口播，文字是以女人的视角写的。下面我将该视频的文字素材提炼出来，以便大家对该视频产生感知。

> 晚上 11:30 老公出差回到家，看到家里这么乱估计会很失望吧。这几天我一个人带娃有点焦头烂额，哄娃睡觉时不小心睡着了。老公进门后怕动静太大打扰到我们休息，便蹑手蹑脚地到卧室，看到我和宝宝都睡着了，才带着睡意去书房睡了。

图 3-7　见状恻隐的案例（1）

早上 6:00 老公就起床了，老公出差这几天，我一个人带宝宝。宝宝在学步，喜欢被人扶着满屋走，拿着玩具到处丢。老公本来可以好好休息一下，但他并没有选择无视这些（在视频画面中，男人开始

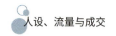

收拾满屋杂乱的玩具）。大概是他昨天回来实在太累了，所以才选择第二天起个大早默默收拾。他说家里一共就我们两个大人，他多分担点，我就能轻松点。收拾完满地的狼藉，他又开始打扫卫生。我本来以为老公刚出差回来会好好休息一下，没想到他今天还要去忙。

老公每次出差回来都会给我带礼物，这大概就是被人惦记的感觉吧。其实，令人开心的从来不是礼物本身，而是被惦记、被偏爱和被用心对待。

以上就是整条视频中出现的文字。虽然这些文字有点像流水账，但文字的存在是为了解释视频推进的过程，是为视频画面服务的。视频配有感人的音乐，用文字交代了一些画面无法呈现的信息，如男人是刚出差回来及男人曾经说过的话来帮助男人建立人设，交代他的做事动机，同时引发用户的情绪。

现在，我想让大家把关注点放在这条视频的开场，也就是男人回到家看到满地玩具的画面，这就是"见状"。当男人看到这个画面后会做怎样的选择，是每个看视频的用户的期待。

如图 3-8 所示，该账号的另一条视频同样使用了见状恻隐，在开场成功引发了用户的期待。而这一次，"见状恻隐"发生在女人身上。下面，我同样将文字素材提炼出来，帮助大家感受这条视频。

图 3-8　见状恻隐的案例（2）

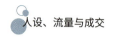

> 零点三十分老公还在加班工作。看他压力这么大，我真的很心疼。他可能最近工作遇到难事了吧，总是加班到很晚。我把孩子哄睡后出来喝水，发现他还在加班。

此时，视频中的女人来到客厅，看到男人这么晚还在忙，便询问："老公，还在忙啊？"男人回答："我马上就忙完，你去睡吧。"

同时，文字继续描绘女人的内心活动，为"恻隐"之后的行动做铺垫："看老公没日没夜的工作，为了我们的小家拼命，我又感动，又心疼。"

这时候，女人从卧室拿出一条被褥，把被褥盖在男人身上，并坐在他旁边。结尾是两个人依偎在一起，并表达"爱，是彼此陪伴，互相理解，互相包容"。

这条视频获得了两万多的点赞量。这个账号虽然多次使用了"见状恻隐"做出爆款视频，但视频的拍摄视角多为监控摄像头的拍摄视角。

我们在使用见状恻隐时，不要被形式局限。在上一章，我展示过关于"大米的泥人"的原创文案，我的开场也用到了见状恻隐，即我看到一位残疾的手艺人，想帮助他放大价值。在那篇内容中，口播作为表达形式，同样产生了巨大的效果。

所以，我建议大家不要拘泥于内容的表达形式，而要能够及时发现生活和工作中的每一个"见状恻隐"。不管这个"见状恻隐"是发生在你身上，还是发生在他人身上，一旦你捕捉到了，我相信它会成为很好的内容素材。因为"见状"的那一刻就是突发事件的形成时刻，而"恻隐"正是面对突发事件后，相关人物给出的反馈。

三、三大内容结构模型的组合运用

本章，我们讲了三个内容结构模型，分别是目标阻断、突发奇想和见状恻隐。这三个内容结构模型，都是通过在开场建立引发用户期待的突发事件来获得用户的停留数据，然后用用户认同的行为应对突发事件，引发

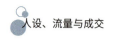
用户点赞、评论等互动行为的过程。

所有能使用户先停留再互动的内容创作逻辑都能成为有效的内容结构模型，所以我将所有符合此内容结构的模型称为突发反馈。而停留是一切数据的前提，毕竟一条视频如果不能让用户停留，就更不可能会让用户产生互动行为。如果我们把流量比作漏斗，停留率就像流量的开口。

如此看来，快速建立突发是核心。用户在刷到某一条视频时，通常不会有太多耐心，会在两秒内决定是留下观看还是划走。

而在创作突发事件的三大内容结构模型中，目标阻断的突发事件是"阻断"，突发奇想的突发事件是"奇想"，见状恻隐的突发事件是"见状"。我们必须第一时间给出"突发"，只有先将用户的期待攥在手里，才能获得流量推荐的主动权。

本章讲到的三个内容结构模型与其说是方法，不如说是心法。因为你在使用这三个内容结构模型时分别需要动用三种能力。想要运用目标阻断创作出优质内容，需要动用你解决问题的思考力。毕竟你只有在生活和工作中面对真问题时，用了反常的方式去解决，你才有可能创作出一篇优质内容。想要运用突发奇想创作出优质内容，又需要动用你的想象力。毕竟如果你在生活或工作中没有突发奇想，何谈运用呢？而想要运用见状恻隐创作出优质内容，又需要动用你的共情力。因为见状恻隐的难点从来不是"恻隐"，而是"见状"。如果你无法共情，又怎能见状？毕竟，看到才能想到，想到才能做到，而做到才会成为内容的素材。综上所述，对于优质的创作者们，他们的"优"从来不在于内容制作技巧，而在于良好的捕捉自我情绪和他人情绪的能力。

当我们能够很好地运用这三个内容结构模型后，我们再进一步思考，既然每个模型都是单独成立的爆款模型，那么由这三个模型叠加创作出来的作品的爆款属性依然成立。我们完全可以先通过"见状恻隐"想帮某人解决某个问题，然后通过"目标阻断"展示困难和陷入两难的状态，最后通过"突发奇想"产生解决这个问题的思路。

这样做之后，我们的内容就有了爆款结构，每段结

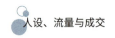

构都让用户有停留和期待的动机。结构与结构之间又会形成反转。

　　当然，你的组合顺序不一定和我上面给出的顺序一样。毕竟小结构本身就是爆款结构。而当你能随意地组合运用小结构，甚至能不断更换它们的顺序时，我相信你已然成为一个能随手创作出高价值且独一无二的好内容的优质创作者。

问题讨论 ▶

1.请在观看短视频时，有意识地识别使用三大内容结构模型创作出的爆款作品，分析该作品使用了哪个模型，并剖析作品中的事件让用户产生期待和停留动机的原因。

2.在不考虑职业、行业、赛道和商业目的的情况下，从你个人出发，用目标阻断、突发奇想、见状恻隐分别想一个值得表达的事件，并选择一个事件进行创作。

3.结合你的商业目的，从目标阻断、突发奇想和见状恻隐中选择一个模型，思考一个值得表达的事件进行创作。

第二部分

观其所由

在孔夫子人设模型中，观其所由是指透过一个人的言行，观察他的做事动机，以便更深层次地感受他的人品。因为一个人的做事动机往往藏于内心，不容易被感知，所以在短视频的表达中，我们要做的是把藏于内心的做事动机外显化，让用户更容易观察和理解，同时快速获得用户的信任，以便高效获取商业价值。

第二部分分为两章，这两章分别对应孔夫子人设模型的两个人设节点：起因和态度。我会讲解如何通过起因和态度快速表达品质和立场，快速获得用户的理解和认同。我也会讲解通过起因和态度展示优势，表现自己的与众不同，快速获得用户信任的方法。起因和态度这两个人设节点将极大程度地加速商业转化效率。

在流量获取方面，建立正确的起因可以使专业性内容快速破圈，让更多人对我们的作品产生兴趣，帮助我们增大流量开口，增高流量天花板。而在正确的时机表达正确的态度能够快速提升用户互动率，帮助我们获得更多流量推荐。

第四章

起因

将起因这个节点植入人设，不仅能影响用户对你的信任，还能直接决定成交，甚至能影响流量。这意味着，如果你能把起因这个人设节点用好，你将能不断做出流量和商业价值兼得的作品。

所谓"观其所由"是指我们通过观察一个人做某件事的缘由和动机来判断此人是否值得信任。任何一个人做任何一件事通常是先有缘由，才会有行动的。

你可以通过感受下面一段小故事来判断这位经理是否值得信任。

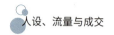

故事一

"一位经理请员工吃饭，挨个敬酒，挨个感谢。"

对于以上故事片段，你很难感受到这位经理是什么样的人。因为这句话信息单一，只阐述了请客吃饭的事实，没有表达经理做事的缘由，因此你并不能轻易下判断。

缘由和动机通常发生于行动之前。一个人做了什么事情并不重要，你要靠缘由和行为综合评判一个人是否值得信任。

接下来，我只需要加上一个起因，就能轻易让你对一个人的人品做出判断。

故事二

"虽然大家都非常努力，但公司还是经营不下去了。在散伙的前一天，经理请员工们吃了一顿饭，挨个敬酒，挨个感谢。"

你看，只要我在前面加上一个起因，你就能立刻感知到这位经理是一个什么样的人。你此时能感受到这位经理的人情味儿，能感受到他是一个很有责任心的人。

接下来，我换一个起因，你再看看你对这个人的感受有何变化。

故事三

> "公司要提拔几位经理中的一位。作为候选人，这位经理有意请所有员工吃了一顿饭。在饭局中，他挨个敬酒，挨个感谢。"

当我更换了起因，我相信你对这位经理的评价就有了变化。你会觉得他是一个奸猾、无利不起早的人。我只是换了一个起因，你对这位经理的评价就产生了180度的转变。

接下来，我不改变刚才那个起因，在那个起因的前面再加一个起因，你再看看你对这位经理的评价是否再次发生变化。

> **故事四**
>
> "公司要在两位经理中提拔一位，A 经理很受领导的认可和信任，但 B 经理得知 A 经理很有可能是竞争对手派来的卧底。因为没有证据，B 经理只能想办法拉拢人心，赢得这次竞选，才能防止公司遭受损失。于是他有意请所有员工吃了一顿饭，在饭局中，他挨个敬酒，挨个感谢。"

在刚才的整个过程中，我每增加一个起因，就是增加了一个缘由。而我每增加一个缘由都会改变你对这个人的看法。

之前我强调"你做了什么，如何做的"决定了人们是否信任你的能力。而"为什么做"则决定了人们对你的人品的信任。这也就意味着，你能用起因这个人设节点告诉用户你是一个什么样的人，进而获得用户的信任，拿到想要的结果。

一、将品质埋入起因

我们既然想通过起因让用户了解我们的人品，那直接在起因里展示品质就是最快的方法。品质有正向品质和负向品质。正向品质有善良、仗义、大方、热情等；负向品质有阴险、小气、胆怯等。我们该如何加入正向品质呢？请看一个案例。

如图 4-1 所示，一个小伙子在大年三十（本来是亲人团聚的日子）来到鞋厂找工作，管理的大姐一看就想将他赶走。此时负责人出来了，她细心询问小伙子为什么在大年三十找工作，然后邀请他进公司。

（接着视频继续。）

管理的大姐很不解地问负责人："周总，为什么要留下这个员工？今天是大年三十，他又不是我们厂里的员工。"

负责人看着大姐说："如果他不是遇到特别大的困难，就不可能在大年三十到我们公司找工作。"

图 4-1　在大年三十找工作的小伙子

大姐纳闷道："但是他明年也不一定在我们这里工作吧。"

负责人解释道："他明年不在这里工作也没关系。既然已经有那么多员工留下来了，我们哪里就缺这一顿饭呢？我们就是多双筷子。每个人都会遇到困难，既然他今天来到我们公司，肯定是遇到了困难。你去安排一下，让他和其他员工一起住宿。"

在这个故事里，起因是一个小伙子在大年三十来到鞋厂找工作，负责人出于同情，耐心询问。这样的起因本身就足够让我们感知到负责人正直的人品。而负责人最后将他留在鞋厂里工作则进一步让我们感受到她的善良和热心。

除了正向品质，我们也可以展示负向品质。我们要认清一个事实，负向品质不代表坏品质。我之前说过，我们可以通过一个人做事的缘由和行为来综合评判一个人是否值得信任。

例如，贪小便宜是负向品质。一个中年女人在菜市场讨价还价的行为是负向的，但她的缘由可能是要给许久未归家的孩子做一顿饭。这时候，我们瞬间就能理解这位母亲，而所谓的贪小便宜无非是想让许久未见的儿子吃些好菜，又想省些钱的人之常情罢了。

如图 4-2 所示，在一条做悬浮床的视频里，博主一开始就说："我看中这张床好久了，由于价格太贵，所以我

准备自己做一个。"在这个案例中,缘由是负向的——贪小便宜,但行为是用很低的成本做出了很高级的床。

图 4-2 做悬浮床

"看中好久,只是太贵"就是他决定自己做悬浮床的缘由,迅速唤醒了大众面对喜欢且昂贵的商品,舍不得购买的矛盾心情。在这个缘由里，他把自己想省钱的心情展示出来。这虽然显得他有点"小气"，却让用户觉得他是一个有血有肉、真实的人。所以，这里的"贪小便宜"是一个可被大众理解，甚至认同的负向品质。

接下来，他在视频中展示了悬浮床的制作过程，包括买原木、打孔、安装 LED 灯和放上床垫。整个过程烦琐又充满欢乐，最后的结果也非常惊艳。我们能看到博主是真的喜欢自己动手制作的过程。这条视频有大概 130 万的点赞量，播放量上亿，是真正的热门视频。

综上所述，我总结以下两点。

（1）缘由和行为的组合才能看出一个人是否值得信任。这意味着一些常人皆有的负向品质或行为或许能成为加分项，但最终的结果由缘由和行为综合决定。大家不妨多尝试，找到那个让人理解，又让人信任的状态。短视频的本质是社交，而一个完美的人是难以被"社交"的。

（2）所谓深入人心的人设，并不是完美的人设。这种"负向 + 正向"的组合会让人们产生认同，才是更具

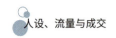

冲突、更深入人心的人设。在用户每天接收大量信息的状态下，完美并不能让他们喜欢和记住。所以，学会利用负向才是一个创作者更高级的做法。

二、起因和主内容的碰撞

我刚刚提到了一个词：冲突。所谓冲突，就是信息与信息碰撞后在用户心里呈现的反差感。例如，贪小便宜但爱子心切的母亲，或贪小便宜但勤俭持家、动手能力强的老公都能给人带来反差感。

当你理解了冲突是由信息之间的反差形成的之后，有趣的现象出现了。你会发现很多时候，起因本身并不吸引人，甚至主内容本身也不吸引人，但是一旦把起因和主内容结合起来就变得很有意思。

1. 起因和主内容的化学反应

起因和主内容碰撞可以产生化学反应，产生 1+1 > 2

的效果。网络上流传已久的"真香梗"就是如此。王境泽的一句"真香啊"不仅被做成动图表情包，而且"真香"两个字也被大家广泛使用。"真香梗"最早源于节目《变形计》第八季之《远山的抉择》。节目中，王境泽作为城市里娇生惯养的孩子，来到农村体验生活。当他感受了恶劣的生活条件，看到朴素的食物后气愤地跳起来撂下狠话："我今天就算饿死，也不吃这种饭。"

而当王境泽后面一边吃饭，一边大声感叹道"真香啊"的时候，我们才感受出反差带来的搞笑。这也导致节目播出后，这段内容被网友们制作成相关表情包，并不断在网络上传播。

一个叛逆跳脚的小孩其实很常见，一个捧着饭碗说真香的场景也很寻常。但当两者在一个人身上通过前因后果结合起来时，就产生了如此大的化学反应，让这句"真香啊"有了如此大的影响力。除了"真香"，其实大多数的网络"热梗"都是起因和主内容碰撞的结果。我们会发现，对于所有的"梗"，我们单看都会觉得无聊，只有知道了"梗"出现的前因后果，才会觉得十分有趣。所以，如果我们能够精心设计前因后果，让起因和主内

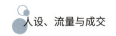

容碰撞起来产生化学反应，我们所发视频的影响力就会飞速增长。

2. 制造碰撞的两种方式

那如何制造起因和主内容的碰撞呢？原则很简单，就是出乎意料。简单地说，就是用户看了这个开头（起因），猜不到视频的结尾。

（1）反转

我们可以通过起因和主内容的反转制造碰撞。例如，王境泽前面的嚣张跋扈和后边的满脸笑容就形成了反转。抖音平台有一个账号叫"小山楂酱"，这个账号发过一条关于父母养狗的反转视频，获得了100多万的点赞量。视频一开始呈现了一段父母的微信语音，爸爸表示"你要敢养狗，我就打断你的腿"，妈妈也凶凶地表示"不要养狗！养什么狗啊"。语音播放完毕后，视频画面一转，妈妈抱着狗在客厅里转悠，爸爸和妈妈抢着抱狗，两人不亦乐乎地和狗说话。

这个案例充分呈现了起因和主内容的反转。父母很喜欢狗这件事不好笑，但当我们知道起因是他们反感狗，坚决拒绝养狗，结果是两个人抢着抱狗，和狗很亲密时，我们才会觉得这条视频十分好笑。

（2）省略

除了反转，制造起因和主内容碰撞的方式还有省略。我举一个例子帮助大家理解。我们小时候经常会听到这样一句话：因为丢了一颗铁钉，所以亡了一个帝国。我们听到这句话时会特别好奇，为什么丢一颗铁钉就会导致一个帝国的灭亡？

这句话其实源自一首民谣，民谣的内容就是在解答我们的疑问："失了一颗铁钉，坏了一只蹄铁；坏了一只蹄铁，折了一匹战马；折了一匹战马，损了一位国王；损了一位国王，输了一场战争；输了一场战争，亡了一个帝国。"

这是一首著名的英国民谣，其中提到的故事在历史上真实地发生过。1485 年，英国国王理查三世面临一场重要的战争，这场战争关乎国家的生死存亡。战争开始

前，国王让马夫备好自己最喜爱的战马，马夫立即找到铁匠，吩咐他给马掌钉上马蹄铁。铁匠先钉好三个马掌，在钉第四个马掌时发现缺了一颗钉子，马掌没钉牢，马夫便将这个情况报告给国王。但是战争即将开始，国王根本来不及在意少了一颗钉子的问题，匆匆上了战场。

战场上，国王骑着马，领着他的士兵冲锋陷阵。突然，一只马蹄铁脱落了，战马仰身跌倒在地，国王也被重重地摔了下来。没等国王再次抓住缰绳，那匹受惊的马跳起来就逃跑了。士兵们一见国王倒下就自顾自地逃命去了，整支军队瞬间土崩瓦解，敌军趁机反击，并俘虏了国王。国王这时才意识到那颗钉子的重要性。这便是波斯沃思战役，在这场战役中，理查三世丢失了整个英国。

"因为丢了一颗铁钉，所以亡了一个帝国"这句话太容易被人记住，太容易让人浮想联翩。但其实我们听了完整的民谣，了解故事之后才明白，这句话省略了很多经过。

省略直接原因，给故事加上跨时空起因，我们才会被故事吸引。在短视频中，很多博主运用了这个方式。

例如，某条视频的一开始就说："因为写了一篇《爱莲说》的读后感，我被撤掉了语文课代表。"我们感到很奇怪，也很好奇，为什么写一篇读后感会被撤掉语文课代表呢？这时候她再在视频里讲清楚省略的内容，我们就会很想听这个故事。

同样，"作为 22 岁的女大学生，我在南京的私人会所打工时知道了社会的真相"也采用了省略的方式，我们看到这个开场不禁会感到好奇，这个女孩到底遇到了什么事？

省略是在起因和结果之间建立连接，同时省略过程，既能引发用户好奇，又能为用户建立观看动机的开场方式。这种方式能快速提升完播率，增加作品上热门的概率。

三、建立博弈

大部分情况下，我们发的专业性内容很难引发大众

的好奇。请想象一下。

如果你刷到一条讲钓鱼技巧的视频，你会想要继续看下去吗？

如果你刷到一条挖掘机的教学视频，你会想要继续看下去吗？

如果你刷到一条下象棋的视频，你会想要继续看下去吗？

我相信大部分看到这本书的人不会同时对这三件事感兴趣。因为钓鱼、下象棋是小众的爱好，开挖掘机是小众的专业技能。

我们知道，短视频平台是大众平台，平台不会精准地把一条下象棋的视频直接推荐给 500 个正好对下象棋感兴趣的用户，而是要推荐给 500 个大众用户，并计算用户的反馈数据。如果大众用户的反馈数据高于近期其他视频数据的平均值，平台就会扩大该视频的流量池。

这也正是小众内容难以跑出流量的原因。如果我们希望小众内容获得更多的流量，最好的方法是将小众内容大众化。

　　而在起因中建立博弈，就是将小众内容大众化的方法。

　　如图 4-3 所示，这条记录钓鱼过程的视频获得了 23.5 万的点赞量。我可以估算，它至少有数百万的播放量。那博主如何做到让大众想看他的钓鱼过程呢？

图 4-3　钓鱼视频

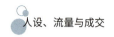

他的作品通常是先在钓手和鱼塘老板之间建立博弈。他的开场通常是钓手来到鱼塘，与鱼塘老板攀谈价格，两个人因钓鱼门票的费用产生争执，老板死咬着价格不放，最终钓手妥协，以500元获得在该鱼塘钓鱼两小时的资格。面对500元的成本，钓手只能用高超的技术多钓一些大鱼，才有回本的可能。而这种博弈的建立就引发了大众观看这条视频的动机。此时，大众期待的并不是钓鱼本身，而是博弈的结果。大众想看看最终的结果究竟是钓手一路钓大鱼，鱼塘老板服软求饶，还是钓手失败而归。

所以，建立博弈的本质是将用户的期待点转移。用户不会对钓鱼这件事产生期待，但是会对博弈的结果产生期待。

同理，用户可能不会对下象棋的视频感兴趣。某短视频平台有一个200万粉丝的象棋博主，她做出过多条点赞量过百万的视频。而一条百万点赞量的视频背后的观看量或达数千万。一个象棋博主为什么会如此受欢迎？她的方法也是在起因中建立博弈。

　　她有一条视频的开场令我印象深刻。视频一开始，一个年轻小伙子找到博主诉苦："我父亲每天就是在楼下下象棋，我叫他上楼吃饭，他也不回家，有时候他一天都不吃饭。他的身体本来就不好，再这样下去，身体就完蛋了啊！"博主回应："没事，交给我。"接下来，博主找到下象棋的大爷，并用激将法激怒大爷与她对局。两人在众人面前约定，输的人再也不碰象棋。

　　下象棋的案例与钓鱼的案例同理，用户期待的并不是象棋本身，而是结果。这个年轻的博主能不能战胜称霸小区的高手大爷？如果她赢了，那位胸有成竹的大爷又该如何收场？

　　此时，用户期待象棋对局的结果，因此观看了双方下象棋的整个过程。完播率的拉升也会帮助这条视频进入更大的流量池。

　　建立博弈固然有效，但其中有一个关键条件不可或缺，否则博弈无法起效。这个关键条件就是成本。不论是钓鱼视频中的 500 元钱，还是象棋视频中"输的人再也不碰象棋"的约定，对当事人来说都是巨大的成本。

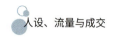

当我提及成本，大家或许会想到我在第二章提及的建立观看动机的三部曲。在第二章，我给出了三个为用户建立观看动机的方法：给出后果、给出两难、给出好处。

在建立博弈的过程中，我们需要提升博弈的成本，以此来强化用户的观看动机。因此，之前的三部曲在这里同样适用，无论是遭遇可怕的后果、损失巨大的好处，还是其他可能遇到的困难，都是博弈过程中的巨大成本。

四、博弈的延展——建立对比

当我们理解了在起因中建立博弈是为用户迅速建立观看动机的方法，也是将小众内容大众化的方法时，我们可以再深入思考一个问题：什么是博弈？我的观点是博弈即双方的对比。

既然博弈是对比，我们的使用场景就会变得更为宽泛。

如果你的账号是和奢侈品有关的，你的内容不一定要讲"奢侈品的文化"，你可以通过对比来做选题：有钱的女人到底更喜欢背爱马仕的包，还是香奈儿的包？

如果你的账号是和挖掘机教学有关的，你直接向大众输出挖掘机的使用技巧很难引发大众想要观看的动机。但我曾看过一个获得 80 万点赞量和千万播放量的作品，博主的开场如下：关于重型机车过水管遇到障碍物这件事，新手和老手的区别。视频画面里出现一个庞大的挖掘机，挖掘机前赫然横着一根直径大概 1 米的粗水管。博主通过新手和老手的操作对比，让大众对他们驾驶重型机车跨越水管这件事产生好奇。

五、起因的延展形式

大部分视频会直接把起因拍摄出来放在开头。但是，在有些情况下，我们用文字形式呈现起因，比拍摄出来的效果更好。

我曾在某短视频平台看过一条视频，它给我留下了极为深刻的印象。那条视频呈现了博主毕业一年多没回家、偷偷回家看爸妈的场景。在那条视频中，妈妈刚开始左看看、右瞅瞅，直到女儿说"你不认识我了"，她才像一个小孩儿一样哭着奔向女儿。在视频的左下角，一段温情的文字让我们感动不已："毕业后因为抑郁、失控的情绪，以及各种不好的事情，我一年多没有回过家。这次我请了一天假，偷偷回来看看我的老小孩儿，原来真的有妈妈会认不出自己的闺女……"

一个中年妈妈哭着跑过来是一个很有视觉冲击力的画面，像这样的画面会瞬间激发用户的情绪。但假如博主用视频形式呈现起因，拍摄自己回家前的准备、偷偷回家的过程，整条视频就会过于拖沓，少了直击人心的力量。

本章既讲了起因对商业价值的影响，也讲了起因对流量的影响。将品质埋入起因能建立用户对我们人品的信任。当我们获得了用户对我们人品的信任时，用户在购买某件商品时就会倾向于优先选择我们。这也能提升用户在我们这里的复购率。这种信任所带来的商业价值就像雪球一样，会越滚越大。

起因和主内容的碰撞能让用户产生情绪。我们可以通过起因和主内容的反转，或通过省略过程、直接连接起因和结果来提升点赞量和评论数等互动指标。

同时，一个优秀的起因能迅速为用户建立观看动机并为我们增加流量。我们可以通过建立博弈来引发用户的期待，通过对比来引发用户的好奇。

下一章，我会再讲一个人设节点，这个人设节点可以为起因加成，让用户更信任我们的人品。

问题讨论 ⟩

1.请你在短视频平台找到一篇没有起因的专业性内容,并以增加曝光为目的,尝试为其加入起因。

2.尝试创作三个带有起因的事件,分别在起因中加入品质、挑战和冲突,并判断这样的起因是否足够吸引人。如果起因不吸引人,请尝试优化。

3.找到一个事件,分别用反转和省略的方式制造起因和主内容的碰撞。

第五章

态度

一、态度成就你，也可能毁了你

何为态度？从字典和搜索网站的解释来看，这个词是指一个人的立场，以及看法和行为的倾向性。

也就是说，态度这个词的核心是立场。不同的人对不同的事物会有不同的立场。你的价值观决定了你该做什么、不该做什么，该信什么、不该信什么，钦佩什么人、反感什么人，想成为怎样的人、不想成为怎样的人。

把立场这个词放到不同的事情中有不同的表达方式，

我把这些表达方式统称为态度。用户正是通过你的态度来确认：你是不是自己人？你是不是值得信任？

数年前，美妆领域的一个博主在直播间售卖一款几十元的美妆产品时遭到粉丝询问："月薪5000元，我买哪个奢侈品品牌的产品更有性价比呢？"这个美妆博主在直播间回复了这样一段话："你一个月5000元的工资为什么要买大牌化妆品啊？很多几十元的产品也很好用啊！你用5000元做点什么不好呢？我们有很多需要花钱的地方，要交房租和水电费吧，希望大家可以理性消费、快乐购物！"

注意，这段话展示的人设不是一个无往不利的商家，而是一个站在消费者的角度给予消费者理解和关心的好友。他表达了即使自己赚钱少一些，也希望用户过得好，希望用户买到适合自己的实惠产品的态度。

当他表达出他的立场，以及看法和行为的倾向性时，消费者对他的信任就会不断提升，一大批忠实粉丝每天在他的直播间高频次复购。这也让他成了美妆领域的头部商业IP。

数年后，这个美妆博主同样在直播间售卖一款几十元的美妆产品，有用户在评论区随口抱怨产品太贵。该博主回复大意为："哪里贵了？这么多年都是这个价格，不要睁着眼睛乱说！有的时候找找自己的原因，这么多年了，工资涨没涨？有没有认真工作？"随后，这段话在互联网上迅速发酵，引发众怒，该博主持续掉粉。

同样是卖几十元的产品，两段话表达的观点都是"几十元的美妆产品并不贵"，为什么一段话成就了他，另一段话却几乎毁了他？

因为他的立场不同，所以在用户的视角下，他的态度就变得不同。他之前的身份是帮助用户的"朋友"，后来成了赚用户钱的"商人"。之前用户认同他，是因为他在替用户说话，在帮用户解决问题。在用户的视角下，他的"看法"是在为用户带来价值，他的"立场"是在维护用户的利益，他的所作所为透露出的每一个"倾向"都是站在用户这头儿。

但之后，他的"看法"是在替产品说话，他的"立场"是在维护产品的价格，他的所作所为让用户感觉到

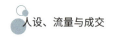

他"倾向"利益那头儿。

我再重复一遍，你的立场，以及看法和行为的倾向性决定了用户视角下你的态度。

态度表达好了可以成就一个人，态度表达不好也会毁了一个人。我们不仅要通过表达正确的态度来获取用户的信任和商业价值，更重要的是，我们要保持态度的一致性，保护自己的口碑，以长久地获取商业价值。

二、三个动作助你正确表达态度，迅速获取用户信任

那我们该做什么事、说什么话，才能正确表达态度，迅速获取用户信任呢？

通过我多年的深入实践，有一个原则不仅有效，而且几乎不会"出错"。那就是做比"别人"多做的事情。

这个所谓的"别人"是由你自己的身份决定的。如

果你是一名商家，售卖某款或某类商品，"别人"就是跟你卖同品类商品的同行。如果你是某个商业赛道的博主，如职场博主，"别人"就是跟你处在同赛道的博主。也就是说，只要你知道你在跟谁竞争，你就会知道"别人"是谁。

接下来的重点是如何"多做"，我推荐以下三个动作，你可以单独做某一个动作，也可以叠加做两个或三个动作。

（1）做能展示个人品质的事情。

（2）做你的竞争者做不到或不在意的事情。

（3）做你本可以不做的事情。

现在，我带你做一个演练。假设我的产品是一款老人鞋，我是这款老人鞋的品牌创始人。我希望通过短视频平台销售这款产品，获取用户的信任。

在做这三个动作之前，我先做一个简单的市场分析。老人鞋的受众当然是老人，但老人不一定是付钱的客户。因为很多中青年会购买老人鞋送给长辈。那么可想而知，

市场上的老人鞋产品一定会出现分化。有些产品是卖给老人，老人自己买来穿的，但更多的产品是专门卖给中青年的。于是有些商家开始用信息差做文章，加噱头。例如，有的商家声称鞋里面加了按摩触点，有的商家说加了红外理疗，有的商家甚至说加了磁能保健。

这些噱头听起来很厉害，但是对老人的实际使用没有价值。鞋是用来走路和减震缓冲的，加这些乱七八糟的东西反而会导致鞋底变厚或鞋内凹凸不平。这些因素可能恰恰就是导致老人走路不稳、崴脚和摔倒的隐患。

很多子女没有时间了解和陪伴老人，希望通过花钱表达自己的孝顺。商家也正是借助这一点增加噱头，让很多中青年觉得他们的产品好、功能多。

如果我做的是一款真正服务于老人，让老人走得稳、不伤膝盖的好产品，那么我的人设故事可能是这样的。

> 　　五年前，我父亲摔了一跤，在病床上躺了半年。母亲每天接屎接尿，我和哥哥在工作之余照顾父亲也是力不从心。后来我索性辞了工作，专心照顾父

母。我反思父亲摔跤的原因，发现是鞋的问题。可当我调研了市面上大部分的老人鞋并测试后，发现效果都不令我满意。有的商家声称鞋里面加了按摩触点，有的商家说加了红外理疗，有的商家甚至说加了磁能保健。

这些噱头听起来很厉害，但是对老人的实际使用没有价值。鞋是用来走路和减震缓冲的，加这些乱七八糟的东西反而会导致鞋底变厚或鞋内凹凸不平。这些因素可能恰恰就是导致老人走路不稳、崴脚和摔倒的隐患。

为了让父母穿上舒服的老人鞋，我经过长期观察、询问、尝试和摸索，终于做出了一款软硬适中，能缓冲膝盖受力，集防滑、稳定、省力、美观于一体的产品。我自己找厂家设计、改良、优化和生产，创立了自己的品牌。我希望我付出的心血能够帮助更多的老人，现在不仅我的父母在穿这款鞋，我自己也在穿。

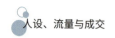

我想问你，假如你是一个有孝心的孩子，也曾多次看到父母行动不便的场景，这篇内容能否打动你，让你产生购买这款老人鞋的动机？

当然，以上是我虚构的一篇内容，毕竟我不是真正的老人鞋创始人，所以这篇内容几乎没有细节。我不希望大家去虚构内容，更不希望大家抄袭别人的内容。因为面对假的故事，大家是很难输出打动人的细节的。

我希望大家能合理通过真实发生在自己身上的故事来表达该表达的态度。

1. 做能展示个人品质的事情

我之所以选择孝顺这个品质，正是因为现在的年轻人普遍自责于没有时间陪伴父母。既然本章归于"观其所由"，那么展示孝顺这个品质正是我做老人鞋的最佳动机。所以，"孝子"的标签可以和"创始人"的人设进行强绑定。我的内容不一定都要去展示产品，我甚至能将所有与父母互动的片段呈现在短视频里。只要我的内容能加强我的孝子人设，就值得发。

大家不要迷信"垂直精准内容"。我们可以在内容和内容之间建立因果关系。我们来看一条救猫的视频是如何为熟食店带来大量销售额的。如图 5-1 所示。一个中年男人说："兄弟们！等我一下，我去救只猫啊！"摇晃的镜头和毫无设计的呈现都告诉我们，这只是一条随手拍下的记录视频。而视频里的紧张气氛也感染着屏幕前的观看者。当我们继续看下去时，发现这个人最终救回了这只猫，才终于长舒一口气。在这条视频中，博主展示了自己对困在暴雨中的流浪猫的态度，让人们感受到了他的善良和正直。

这时候，人们大概率会为救猫大哥的善心点赞。这条视频有超过 400 万的点赞量，我保守估计它有几千万的播放量。这么多人被他感动，再仔细一看他的账号名，发现原来他是卖熟食的。人们再点击进去他的主页，发现他线下有门店，就很想下单支持他。在他的评论区，很多人也表示要去线下门店尝尝他卖的熟食，还有一些人拍摄了去他线下门店的探店视频。

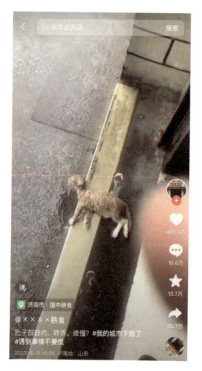

图 5-1　通过救猫展示态度

　　我想问大家，为什么他以前拍摄的展示熟食的视频没给他带来太大的销量，一条救猫的视频却让他的销量大增呢？当然，大家觉得善良的人应该有回报。但其实还有一个原因，那就是人们从心里相信他不会骗人，他卖的熟食用的是好材料，不会缺斤少两。在人们的潜意识里，一个能冒雨救下一只猫的人一定是用善意待人的人，不会去做骗人和害人的事情。

一条与熟食无关的救猫视频之所以能带动熟食的销量，正是因为用户会自动为品质和产品建立因果关系。同样，一个真正希望父母健康并为此不断付出努力的孝子，为自己的父母做的鞋一定是值得信任的。因此，在作品上，我们可以用一些脱离产品的内容来独立展示孝顺这个品质。

有时候，你不需要把展示个人品质和你的产品进行强绑定。发一条救猫的视频看似与产品无关，实则有关。理解了这件事，你就会发现，找到能为你所销售的产品带来加成的品质，去除商业预期后把它单独展示出来，然后刺激大众情绪，这件事并不显得那么功利。这是一套快速获取流量的打法。当你备受认可时，可以通过带货快速转化先前获得的流量。这是我深入实践多年且从未失过手的一套打法。别忘了，在最初设计品质和人设的时候，我们就已经做到了看似无关、实则有关。

就像科比曾经流传很广的一句名言："你知道洛杉矶凌晨四点钟的太阳是什么样吗？我知道！"这句话之所

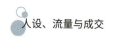

以传播广泛，一方面是因为说话的人是科比，另一方面是因为它所表达出的努力的品质引发了大众的情绪，并具有正向的传播价值。同样，在这句话中，科比并未表达出他早起是去练习篮球的意思，但大众会自动把"努力"和"篮球"联系在一起。

2. 做你的竞争者做不到或不在意的事情

在老人鞋的案例中，大部分商家并不在意产品是否真的适合老人，他们只在意产品是否好卖。这个时候，我们就有了表达态度的空间。

大部分商家不在意，但是有价值的事就是我们应该在意的事。我们应该寻找这样的机会。我们可以围绕产品本身寻找，如质量、制作流程和工艺等。我们也可以围绕与产品相关的部分寻找，如售后和服务等。我们甚至可以脱离产品，围绕人设中的品质来寻找。

一旦找到，我们就可以通过放大这件竞争者不在意的事情来创造独一无二的价值。我孵化的一位家庭教育赛道的老师——怀沙老师，就做过这个动作。

　　大部分家庭教育赛道的老师或许更在意他们的产品和销售流程。除了做好产品、定好销售流程，我们花了很多心思让怀沙老师的人设更被信任、更有说服力。2024 年，怀沙老师与学生们一起参加高考，他按照正式流程报名，经历了复习和测试，做了严密的准备后以成年人的身份重新体验了一次高考。

　　怀沙老师本来就是在教育领域有过突出贡献的老师，他的课程影响了很多学生和家长。一位既有能力，又有口碑的老师，还在意学生们的心态，在意高考过程中学习能力之外的因素，在意社会和家庭在这个特殊时间点给考生们的压力。

　　也许其他老师并不在意这些东西，但怀沙老师不仅在意，还拿出更多的态度去关注。我们围绕怀沙老师参加高考的经历创作了五个作品，这些作品均获得了十几万至上百万的播放量。

　　看过这五个作品的家长也非常喜欢并信任怀沙老师。在他们眼中，怀沙老师是独特的，是愿意真正站在孩子们的角度，帮助父母们找到正确育儿方法的老师。怀沙

老师参加高考的动作直接提升了流量的价值，以及后续销售过程中的转化率。最终，这五个作品短期内就为我们带来了数十万的课程销售额。

不论是我，还是我签约的老师和帮助过的学员，我们努力寻找的不是别人做了什么，而是别人没做什么。很多创作者在踏上自媒体道路的初期想的是如何跟别人做一样的事，不断进行无效竞争。但实际上，找到需求和价值的空白空间才是我从未失过手的好动作。这并不难，但需要观察、调研、思考和分析。这不仅是一个动作，还是一种习惯，更是我们做好自媒体，希望为社会带来价值的态度。

3. 做你本可以不做的事情

近期，我带爱人和女儿去一家餐厅吃饭。吃到一半时，经理主动来到我们身边询问菜品体验。既然他问了，我爱人便直言不讳地指出其中一道菜的味道不尽如人意。过了一会儿，这位经理主动送来甜品，并向我们表达了真诚的歉意。我们连忙回应："没关系，没关系！"最后结账时，这位经理不仅为我们免去了这道菜品的钱，还为我们打了折。我跟爱人连忙道谢。

数日后，我们的家庭聚会需要选择餐厅，我爱人直接决定选这一家。

我不禁思考，出去吃饭时遇到个别菜品的味道不符合心意本是常有的事。这位经理本来可以不主动询问，但他不仅询问了，还给出了超乎寻常的态度。这让原本不够满意的一次就餐体验产生了巨大的反转。这正是他表达的态度带来的力量。

在老人鞋的案例中，照顾父母、对父母嘘寒问暖是子女正常之举。我本可以以"正常"作为我的行事标准。父母没有意见，我自己也可以心安理得。但我希望他们健康、长寿，希望避免一切风险，于是开始研发老人鞋。我做了我本可以不做的事情，我的肩膀上承担了高于正常标准的责任。

互联网时代以前，信息比较闭塞，多做一些事情，多承担一些责任很难被更多人看到。但是当短视频这种高效传播媒介出现以后，做本可以不做的事情，承担比

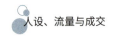

"别人"多的责任未尝不是表达态度的好动作。

某短视频平台有一个专门卖核桃的账号，它曾经发过一条视频，文案如下。

> 朋友们，你们看，我家围墙外面就是祖国最大的沙漠——塔克拉玛干沙漠。而围墙里面就是我们两口子开垦的一片核桃园。我是一个沙漠的守护者。你们很难想象，这里曾经也是风吹沙子跑、满地不长草的"死亡之海"。我们在这里坚守了20年，把这片沙漠变成了绿洲。这些核桃树不仅起到了防风固沙的作用，也是我们家主要的经济来源。它的壳就像纸一样薄，里面的果肉非常饱满，你吃到嘴里是满口的酥香（同时展示手中的核桃）。

这条视频获得了80万的点赞量，当月直接为该账号带来了3000万的销售额。这是一条商业效率极高的带货视频。

我经常强调，在短视频平台，我们做的是兴趣电商。何为兴趣电商？就是我们本来没打算买核桃，但因为刷到了这条视频，就想买一箱核桃尝尝。我相信在这些购买者中，本来就有核桃采购计划的人并不多。

因此，我想问大家，是什么引发了人们购买核桃的兴趣？我相信一定不是核桃本身，而是博主沙漠守护者的身份。

既然人们买核桃不是为了核桃本身，那博主无论是卖核桃，还是卖牛奶和牛肉干都无所谓。因为事情的关键在于你是谁，你带着什么态度在做事，以及你做了什么事。

产品和行业都不是你应该探究的重点。重点是在不考虑产品和行业的前提下，"你"是不是一个值得信任的人。以下三点值得你多多琢磨。

（1）你身上有什么大众认同或其他人没有的品质？

（2）你有没有在竞争者做不到或不在意的事情上下过功夫？

（3）你做过哪些你本可以不做的事情？

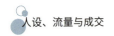

你创作的内容可以与产品强相关，也可以与产品弱相关，甚至与产品看起来无关也会有奇效。你需要拿出大量时间摸索内容创作的边界，以及"你"的边界。相信我，这值得！

问题讨论 〉

1. 在短视频平台，你有没有被哪个博主的态度感动过？他比"别人"多做了什么事情？你对他有什么印象？你认为表达态度对销售他的产品有帮助吗？

2. 你对哪些人和事有非同一般的态度？你认为可以通过本章讲的哪些动作来表达你的态度？

3. 你认为是否可以把起因和态度这两个人设节点同时加入一条视频？请你找出一件事，在这件事中同时加入起因和态度，并把这件事写成口播短视频文稿。

第三部分

察其所安

在孔夫子人设模型中，察其所安即透过一个人的言行，察觉他的价值取向，以及他的心安于何处、乐于何处。如果我们能做到这一步，便能彻底了解一个人。

所以，如果我们能够在短视频中让用户察觉并认可我们的价值取向，用户对我们人品的信任就是坚固而牢靠的。这是我们推动用户成交及复购的"发动机"。

但一个人的价值取向深埋心底，人们无法通过短暂的接触识别出来。因此，我们要做的就是在短视频中将我们的价值观外显化，以便用户可以立即察觉到。

第三部分分为两章，这两章分别对应孔夫子人设模型的最后两个人设节点：感悟与发心。表达感悟能够让和我们价值观相同的用户快速识别我们，使用户产生互动与关注行为。感悟也是影响用户需求，为用户快速建立购买动机的影响因素。表达发心则是与用户建立长久信任关系的关键，能够让我们的商业价值像雪球一样越滚越大，持续积累。

第六章

感悟

一、何为感悟

我想请大家想象一个场景：在炎热的夏日午后，马路上迎面走来一对母子，两个人看到一个顶着炎炎烈日打扫街区的环卫工人。

这时候，这位母亲指着这个环卫工人对孩子说："你看，他多辛苦啊！"这句话是"感"。

紧接着，她又对孩子说了一句："如果你不努力学习，长大了就会像他一样，做最苦的工作。"这句话是"悟"。

"你看，他多辛苦啊！如果你不努力学习，长大了就

会像他一样，做最苦的工作。"我们无法评判她说的这句话是对还是错，但这句话之所以让我们听起来有点不舒服，是因为我们能感受到这位母亲对环卫工人的轻视。或许在这位母亲的价值观中，与他人相比看起来更体面就是她的追求。而她也正在向后代传递这种价值观。

这时，很巧合的是，迎面又走来一对母子。两个人也看到了这个环卫工人。这位母亲也指着环卫工人对孩子说："你看，他多辛苦啊！"这句话也是"感"。

紧接着，这位母亲也补充了一句："你以后不要随手乱扔垃圾，这样这些叔叔们才能早点回家陪伴他们的孩子。"这句话也是"悟"。

我们能感受到，第二位母亲更在乎他人的感受，有很强的同理心。同时，她正在向后代传递为他人着想的心理和容纳他人的格局。

两位母亲表达了相同的"感"，却有不同的"悟"。而两种不同的"悟"的表达，让两位母亲在做人、做事的格局方面高下立判。

但所谓高下，并不是说两位母亲谁对谁错，而是我们能感受到她们在意的事情不同。从一个人内心最深处在意的事情中，我们可以感知到这个人的价值观是否值得我们认同。

由此可见，不同的人遇到相同的事时有同感很正常，但有同悟很难。因为一个人通过某件事悟到什么，是由他的价值观决定的。

价值观是一个人最深层的内在。多数时候，我们意识不到价值观的存在，它存在于每个人的潜意识中。价值观从一个人的出生开始形成，受见到的每个人、经历的每件事的影响，由一个人的家庭、教育、学识、阅历和品行综合决定。

用户通常会在我们一次次不经意的反馈中感受到我们的价值观。有的朋友看到这里或许会有一些担心，怕自己说错话、办错事。毕竟自媒体工作的本质就是表达。但大家不必过度担忧，因为感悟没有对错，只有是否适当。

前面第一位母亲的价值观代表了相当大一部分群体

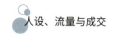

的价值观。也许在她的圈子中，她看到环卫工人后产生的感悟会获得很多人的认同。可能在这样的圈子中，一些互相攀比、趋炎附势比比皆是。在这样的圈子中，当听到某位母亲对孩子说"你以后不要随手乱扔垃圾，这样这些叔叔们才能早点回家陪伴他们的孩子"时，圈子里的人表面上或许点头认同，但心里可能会嘀咕一句"装什么装"。

还是那句话，价值观没有对与错，感悟也没有对与错。我们要对适当的人表达适当的价值观，表达适当的感悟。因为任何一种价值观的背后，都有一个庞大的市场。

二、感悟的作用：识别与吸引

我们已经理解，感悟是一个可以帮助 IP 传递优点和缺点，快速向外输出价值观的通道。而我们的目标正是要通过传递优点和缺点，让同类人快速识别并认同我们的价值观。

我们之前讲过，不同的人在遇到相同的事时有同感很正常，但有同悟很难。如果一个用户认同了你的"悟"，就相当于认同了你的价值观，也就是认同了你这个人。

接下来，我们做个实验，感受一下"悟"的不同方向所带来的用户的差异性。

想象一个场景，中午 12:30，一个年轻人搀扶着长辈从医院里走出来。年轻人嘴里说了一句："唉！现在看个病，随随便便就要花这么多钱！"

接着，又一个年轻人搀扶着长辈从医院里走出来，他嘴里说了一句："唉！现在看个病，要折腾一上午，太浪费时间了！"

最后，第三个年轻人搀扶着长辈从医院里走出来，他嘴里说了一句："唉！现在看个病要跑来跑去的，把病人折腾得够呛！"

三个人在相同的经历下表达了三种不同的感悟。我们之前探讨过，从感悟中可以看到一个人在意的事情。

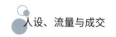

我们能感受到第一个年轻人比较在意金钱，他表现得不够大方。但他有可能是一个省钱高手。他如果做自媒体，或许可以分享生活中的省钱小技巧。他可以通过推荐一些好用的生活用品，以及一些有活动价格的电影票、咖啡券和团餐等来获取商业价值。过度看重钱财或许不是褒义词，但我们必须承认，这是相当大一部分人的价值观。它有很大的市场。

我们能感受到第二个年轻人很注重时间效率。这或许会让他显得有些自私。但他可能是一个时间管理或目标管理的高手。他可能是某家公司的高管或正值事业上升期。他或许可以在自媒体平台输出商业知识，分享管理和提升能力的方法。他也可以在自媒体平台推荐一些书或开发一门课程，从而获取商业价值。当今社会，过度追求商业价值和时间效率而忽视他人的感受，或许被世俗定义为"自私"。但这类人也是商业领域中推动社会发展的主力，而且这类人在人群中的占比并不低。

我们能感受到第三个年轻人有很强的同理心，是个孝顺的人，也是个会顾及他人情绪的善良的人。但同时，她对情绪的敏感度可能导致她过度在意别人的评价，形成讨好型人格，进入痛苦的内耗状态。她或许会通过学习心理学来解决自身的内耗问题。她可能会把遇到的事，解决问题的过程和自己的改变在自媒体平台分享出来。她可以选择情感、心理、身心灵疗愈等多个赛道。她可以把用户锁定为渴望成长、渴望变得更好的女性。而在这样的人设下，或许所有能让女性变得更好的产品都能为她带来商业价值。一支可以让女性变美、变自信的口红，一条可以让女性显得更有气质的丝巾都是值得她分享的商品。当今社会，深陷内耗、渴望改变的人不在少数，如果她能给这些用户分享一些快乐的方法或带去一些自信和鼓舞，未尝不是为社会提供了巨大的价值。

大家应该发现了，**每一个缺点都对应着一些优点，而每一个优点也对应着一些缺点。它们是共生共存的。每一组共生共存的优点和缺点都能代表某个大规模人群。而这个大规模人群必定存在特定的需求，这意味着一定存在满足这类需求的产品。我们可以通过这些产品获取商业价值。**

我们在输出时无需刻意回避自己的缺点，妄图把自己打造成一个完美的人。完美的人无法获得共鸣，完美

的人没有市场，完美的人在真实世界中也并不存在。

社交平台的魅力就在于此，正是因为我们表达了真实的不足和情绪，才能让其他人产生共鸣，才能把同类人聚集在一起，才能获得流量。

正是因为我们既有不足，又有优点，我们的人设才有张力。我们在用户眼中才能成为能承载真实情绪的人，我们才能被记住、被喜爱，才能打造出独一无二的 IP。

正是因为我们有不足，才能吸引其他被同样的不足困住的人。正是因为我们试图变得更好，才能让其他想变得更好的人看到希望。他们也正是因为不完美，才有需求，才能为我们贡献商业价值。因此，我敢断言："**一个不敢表达自己缺点的博主，很难获得商业价值。**"因为我们只能吸引在某些方面和我们一样的人，这个世界从来都是物以类聚、人以群分，而使人群聚集起来的价值观是难以伪装的。

这其实是个好消息，这代表在这个多样的世界中，不管你是什么样的人，你都能获得某个大规模人群的认同与信任。因为每个人都能在世界中代表某个大规模人群。我们无需担心自己不够优秀，也无需担心自己格局不够大或视野不够宽。

不是每个人都需要"大学教授"，"幼儿园老师"也有巨大的市场。知道自己是谁，知道自己能代表谁，知道自己能为谁提供什么价值才是最重要的。

一旦想通上述问题，你就相当于找到了自己的生态位。每个拿到结果的人都是在自己的生态位中向上汲取，向下输出。

即使"我"是一个种植技术一般的农夫，"我"也能帮助种植技术不如"我"的人创造价值，从而成就"我"。

即使"我"是一个职场中的失败者，但"我"对妻子很好，"我"疼妻子的 100 个细节说不定能让陪妻子少、愧对妻子的丈夫们受益匪浅。

每个人都是不同的，都是独一无二的，都一定有自己的生态位，都一定有一群等着被其影响的用户。

而找到自己的生态位的方法是想清楚以下三件事："我"是谁？"我"能代表谁？"我"能为谁提供什么价值？

想清楚这三件事，你就有了在短视频平台奋斗的方向。然后，你可以大胆地分享感悟，可以分享亲身经历的事，以及积极的情绪、思想和感受。这是让目标人群以最快速度识别并信任你的最佳方式。**因为价值观的透传，就是获得最深层信任的开始。**

以上就是感悟的作用：识别与吸引。

三、感悟的作用：影响

本书接近尾声了，我想给看到这里的读者朋友送一份大礼。那就是能把所有产品顺利售卖出去的本质方法。我给出的方法或许比许多几百元钱、上千元钱的课程给出的方法更接近用户购买动机的真相，更接近本质，更有效。

我相信大部分人想做短视频的真实原因是希望赚到钱。那么每个希望在短视频平台获得利润的个人、企业和品牌都必须面对一个难题——卖货。

作为一个在短视频商业领域摸爬滚打多年的操盘者，我始终在研究人的行为背后的动机。我发现，"卖"的本质不是销售，而是影响。因为用户需要的从来不是某件商品，而是让自己变得更好的事物。

例如，用户需要买一套房。从表面上看，他的需求是买一套房，但这套房通常是另一个问题的解决方案。这个问题或许与孩子上学有关，又或许与长辈养老有关。也就是说，用户买的不是房，而是对未来的计划，对美好生活的想象，对孩子成材的渴望或长辈安享晚年的场景。

也就是说，如果我们想把这套房子卖出去，我们努力的目标不应该是努力卖这套房子，而应该是影响用户关于孩子上学或长辈养老的决策。

如何影响？答案是用感悟来影响。

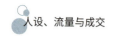

例如，我要卖一款价格偏高的衬衫，产品的卖点是材质好、舒服、上身效果好、百搭。产品受众是30岁～50岁的中青年男性。

我会这样卖："年龄越大越发现，交心的朋友宁可少，也不要多。衣柜的衣服宁可少，也不要多。以前朋友多，但当我遇到难处了才发现，能帮我的人就一两个。以前衣柜里的衣服很多，有各种应季新品，但常穿的衣服就一两件。成年人对自己好的方式是做减法，少一些纷扰，简单一些，活得才能轻松一些。砍断无效社交，只穿让自己舒服的衣服。我想给你推荐这款衬衫……"（产品介绍不展开。）

在这段文案中，我不仅在销售一件衣服，更重要的是，在影响用户的购买动机。

之前我们说过，感悟传递的是我们在意的事，而一个人潜意识中在意的事将传递出一个人的价值观。所以在销售产品时，我们要反向运用这个逻辑。**我们要用我们在意的事去唤醒用户在意的事，当用户开始在意一件事时，就会产生需求，我们再用我们的价值观，给用户**

在意的事带去一个解决方案。以上过程即为影响。

理解了此逻辑，我们再做一次练习。假如我们卖的是一款蓝牙入耳式耳机，这款耳机高性价比、音质出色、机甲外观，主打年轻人市场。

我会这样卖："一个男孩变成男人的重要标准就是他有没有学会孤独。对于年轻人来说，没必要用太好的手机，但是耳机必须要有品质。一个好的耳机，就是自己的一个独立的小世界，它能让你做到高质量独处。这款高性价比的耳机，能让你学会享受孤独。它可以一直陪着你从一个男孩，变成一个男人……"（产品介绍不展开。）

低段位的销售文案卖的是产品本身，高段位的销售文案卖的是一种价值观。

价值观的本质是"观"，"观"就是观点。观点必然是主观的，是我们经历过一些事情后获得的感悟。

既然我们做的是兴趣电商，我们就要做到在一条视频中让用户对我们所卖的产品产生兴趣。没有影响，何

谈兴趣？而影响必定是人与人的交互。所以在短视频平台，脱离人设的售卖行为是低效的商业行为。

因此，如果你想卖一个产品，首先要理解这个产品究竟满足了哪些用户在意的事；然后，请大胆地表达你的感悟，大胆地说出你为什么买它！

问题讨论 〉

1.请你梳理一下点赞过的短视频，找出其中的口播作品，想一想当时点赞的具体时间节点，并分析自己的点赞原因。你当时是听到博主说了什么而点赞？如果博主有表达感悟，请你分析一下为何这个感悟会引发你的情绪？

2.请你找到在短视频平台意外购买的产品，并想一想当时购买这个产品的动机。购买动机是如何产生的？该账号做对了什么事直接让你产生购买行为？该账号是如何影响你的？

第七章

发心

　　首先，请你想象下面这个情景。客厅里，一个女人拎着一个装有西瓜的塑料袋向厨房走去，突然，袋子破了。西瓜瞬间掉到地上摔碎了。同时，女人喊了一声："哎呀！"这时候卧室中的老公闻声赶来，看到摔了一地的西瓜就问了一句："咋摔的呀？太不小心了。"

　　我想问一下，如果你是这个女人，听到男人说这句话，你的感受是怎样的？我想应该是自责和紧张的，对吗？

　　虽然从字面意思来看，男人说的这句话没有明显的责备意思。但你知道，他心里是责备你的。他心疼那个刚买的西瓜，那是他走了好远的路，辛苦拎回家的。所以当他说出这句话时，你更加自责。

但如果闻声赶来的老公说："没事儿吧？可得小心点啊！"这时候你又有什么感受呢？你可能还是会自责，但至少不会感到紧张了。因为你知道他没怪你。

"咋摔的呀？太不小心了。"

"没事儿吧？可得小心点啊！"

这两句话的意思明明差不多，但为什么给人的感受会有这么大的不同呢？因为目的不同，发心不同。第一句话的目的是责备，发心是心疼刚买的西瓜。第二句话的目的是确认女人有无大碍，发心是听到女人的声音后，对女人的担忧。

发心决定目的，目的决定行为。所以，发心是我们说某句话或做某件事的内在原因和动机的出发点。

发心和第四章讲的起因有点像。不同的是，起因是外显的，发心是内隐的。起因是你主动交代的，发心是你在行事过程中，他人被动感受到的。在摔西瓜的例子中，两句话表达的意思明明差不多，但是给人的感受就完全不同。

起因是行动产生的原因，发心则决定行动的方向。男人听到女人的叫声，看到一地的碎西瓜是起因，男人说出那句话是行动。而在起因和行动中夹着发心。发心体现了一个人的价值观、道德观，是一个人的底色。

发心是无论你把事办得多么漂亮，把话说得多么好听，别人仍然能感知到你的价值取向的原因。发心是独立于所有技巧之外，能决定商业价值的内在因素。

一、发心正确的前提是与用户建立可信赖的关系

我曾看过一个非常打动我的作品，视频一开始是一位 50 岁左右的阿姨手里拿着两根黄瓜，场景是超市的果蔬售卖区域，如图 7-1 所示。她说："孩子，今天妈妈教你怎么选不同的蔬菜。"她说的是方言，山东口音给人的感觉很淳朴，她的口吻非常温柔。她继续说道："孩子，在选黄瓜的时候尽量选这种有毛刺的，这种黄瓜新鲜、口感好、汁水多。要是生吃，咱们就选这种粉红色的番茄；要是熟吃，咱们就选这种大红色的番茄。"她边说边

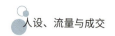
拿起对应的蔬菜，认真地指着上面的细节。后面她又细致地讲了辣椒、卷心菜、胡萝卜、丝瓜、洋葱和蘑菇的挑选方法。每讲解一种蔬菜之前，她都会亲切地称呼一句"孩子"。

图 7-1　阿姨挑选蔬菜的视频

在这条视频的评论区，回复的人大多数是年轻人。有人回复："谢谢妈妈。"有人回复："妈妈，应该怎么选对象？"如图 7-2 所示，还有人回复："没有妈妈的我，看得老认真了。"

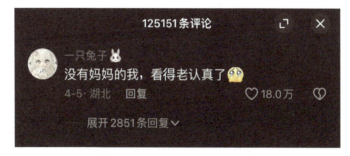

图 7-2 阿姨挑选蔬菜的视频评论区

这条视频给年轻人提供了妈妈般的关怀和巨大的情绪价值，让很多年轻人心头一暖。它的点赞量超过 260 万，这意味着它已经成了全网爆款视频。

但是当我们透过情绪去思考时，发现这条视频的价值其实就是教大家如何挑选蔬菜。我相信，在这条视频出现之前，短视频平台不可能没有教人挑选蔬菜的视频。我到某短视频平台上搜索了一下，搜到了一对卖蔬菜的夫妻，如图 7-3 所示。

图 7-3　教人挑选蔬菜的夫妻

　　这条视频呈现了一对夫妻在市场售卖蔬菜的场景。视频中的男人正在教大家挑选西兰花的方法，而且是不遗余力地教，非常卖力。但我们能看到，这条视频的点赞量只有 1594。我们再看账号的主页，如图 7-4 所示，

每条视频几乎都在教人挑选蔬菜，但视频的点赞量只有
几百到几千不等。

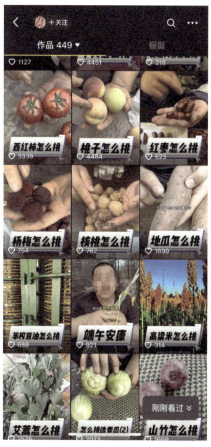

图 7-4 教人挑选蔬菜的夫妻的账号主页

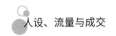

为什么这两个账号发的都是挑选蔬菜的视频，数据却有天壤之别？因为我们能感受到挑选蔬菜这个行为背后的不同目的。

那对夫妻教我们挑选蔬菜时，他们的身份是卖菜的商家，他们的发心是希望我们多买他们家的菜。他们与用户的关系是商家与顾客的关系。在这种关系下，用户有所防备。就算他们是在用心教用户，用户也要掂量一下可信度。

而之前那位阿姨教我们挑选蔬菜时，她的身份是一位妈妈，她的发心是希望孩子们别吃亏。她与用户的关系是妈妈与孩子的关系。在这种关系下，用户会喜爱并认同她，对她有天然的信任。

理解了两者的区别，你会意识到，有的时候不是你的内容没价值，而是你没有找到与价值匹配的关系。关系不同，效果完全不同。关系决定了用户感受到的发心。

经常有人问我："王老师，真正决定短视频成败的核心原因到底是什么？"我通常回答："是关系。"

为什么关系在我心中是核心原因？因为你的内容、创作水平、表现力和拍摄质量都不能决定你的商业价值，但是你与用户的关系会直接决定你能不能赚到钱，以及能赚到多少钱。不同的关系将承载不同的商业价值。

有的账号是店铺号，如很多带有蓝 V 标志的企业号、线下门店号或好物分享混剪号。此时它和用户的关系就是店和人的关系。店和人的关系本身就难以让账号获得很多流量，因为这种关系很难承载情绪。

有的账号是窗口号，如一些新闻实事号。此时它和用户的关系就是窗口和人的关系。在这种关系下，账号想要变现是非常难的，因为这种关系几乎无法承载商业信任。

有的账号是产品号，这种账号通常只卖某一种产品。此时它和用户的关系就是产品和人的关系。这种关系就是用户买完即走，适合一些低单价、所见即所得的产品的销售，如手机壳、生活用品、玩具等。如果销售的是单价高、信任成本高的产品，这种关系几乎无法让账号获得满意的商业价值。

还有的账号是节目号，如访谈节目号。此时它和用户的关系是节目和人的关系。这种关系非常不利于账号建立商业预期。

所以我最推荐的关系是人与人的关系。即使是企业号，也不妨碍老板出镜与用户建立关系。因为在获得用户信任的效率方面，**人＞品牌＞产品**。

当然，人与人的关系同样有远近之分，这就像你最亲近的朋友和点头之交的朋友都来找你借钱，你的反应一定会有所不同。

那什么关系才是能够获得巨大商业价值的关系呢？答案是超越商业关系的关系。

二、建立超越商业关系的关系

什么是超越商业关系的关系？你从一种人身上能直观地感受到。我相信不管你在哪个城市，当你去自己熟悉的街道看一看时，一定会发现一家由一对夫妻经营，并且常年都有不错客源的小饭馆。通常情况下，那个老板娘就是建立"超越商业关系的关系"的高手。

你去过一次，她就能记住你。你下次去时，她会主动跟你打招呼："老弟你来了，今天吃点什么？还按上次你点的菜给你上吗？"或者她会说："姐，今天带孩子来了呀！这孩子真有礼貌，一会阿姨送你一道菜啊！"

肯定有人说这样的老板娘很厉害，很会做生意。那么我想问一下，她的厉害之处在哪里？她最厉害的地方就是能迅速找到自己与用户在商业关系之上可以建立的那个更近一层的关系，并且能快速跟用户建立连接和增进感情。

无论是说"老弟你来了""姐，今天带孩子来了呀"，还是说"一会阿姨送你一道菜啊"，都是能与用户瞬间建立关系并快速拉近距离的行为。这样做有两个巨大的好处。

（1）她能跟顾客保持黏性，让顾客不断复购。这家饭馆和老板娘能带给顾客熟悉感和亲切感，让顾客有宾至如归的感觉。顾客每次来不用重复强调不能吃的食物，

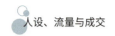

这让顾客减少了很多沟通成本，而且长期去一家饭馆吃饭也能减少试错成本。

（2）**她能影响顾客的决策**。如果有一天，她跟你说店里开发了便宜又好吃的新菜，让你品尝一下，你几乎很难拒绝。因为你不品尝一下，面子上过不去。这意味着一旦双方的关系建立起来，基本上她推荐什么，你就会买什么。

这就是自媒体平台有很多博主能做到推荐什么，用户就会买什么的原因。

建立超越商业关系的关系并不难。首先，你要能对你的大规模用户有清晰的认识。他们是谁？他们的年龄大概在什么区间？他们的性格普遍怎么样？他们的家庭普遍是什么状态？

分析完用户，你再分析自己。除了是商家或某个行业的达人外，你还是什么样的人？你的年龄多大？你有什么阅历？你的家庭关系怎么样？

当你知道用户是谁、自己是谁时，就能很轻易地用为人处世的经验找到自己与用户的合适关系。

我举一个例子。假如你是一个做汽车维修的商家，45 岁，希望通过短视频平台获客，让用户来你的线下门店维修汽车。你的用户是 18 岁 ~ 45 岁的男性。你的大部分用户的年龄比你小。那么你与用户要建立的超越商业关系的关系就是大哥和弟弟们的关系。

当你有了这种关系，你会发现做账号变得非常顺利。首先，你会知道你应该为谁、做什么内容，你的选题方向有了思考抓手。你可以思考这些弟弟们需要什么，作为大哥的你能给他们什么，他们目前的生活有什么难处，你可以给他们什么提醒或帮助。这些有助于你思考自己的内容方向。

如果你选择做口播内容，那么你的表现力自然而然会有对象感。你会知道自己正对着弟弟们说话，你的口吻和说话状态都会变得自然而真诚。最重要的是，你的发心会发生巨大的变化。

请想象一篇内容，你是一个做汽车维修的大哥，你做账号的目的是希望在线上获客，让用户到你的汽车修

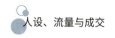

理厂修车。你发了一条视频，选题是"那些维修费很贵，但其实自己花点小钱就能轻松解决的问题"。

视频中，你讲了三个去汽车修理厂要花几百、上千元，自己在家只花几十元、用十分钟就能解决的常见问题。

如果你把自己定位为商家，你做这个账号的目的就是赚钱，那么在这条视频的结尾，你可能会这样说："您点个关注，我的账号会教您更多省钱的汽车修理小知识。"

因为作为一个商家，你当然希望用户能进入你的主页点个关注，甚至到你的线下门店修车，所以这个结尾看起来是没问题的。

但如果你把自己定位为用户的大哥，用户是你的弟弟，你一定希望弟弟过得更好。所以，你的视频结尾可能会变成这样："老弟，出门在外能省就省，未来用钱的地方有很多，车就是一个代步工具。你刷到了我的视频，省钱了，跟家人吃顿好吃的，我替你开心。"

　　大家感受一下这两个结尾。第一个结尾让你点个关注，要赚你的钱。第二个结尾把你当成弟弟来关心。你会给哪个结尾点赞？假如这两个结尾来自不同的人，我想问，如果有一天你的车坏了，你需要找个人请教，你会问谁？我再问，如果有一天你的车坏了，你必须找人维修，你希望谁来赚你的钱？你觉得谁真的能帮你省钱？

　　如果你的答案都是后者，那假如这两个人分别在做两个不同的修车账号，你觉得谁会成为赚钱更多的那个人呢？我相信答案已经不言而喻了。

　　身份决定关系，关系决定发心。发心体现了你的价值观。

　　所谓察其所安，就是通过看一个人的心安于何处、乐于何处，便知道这个人可不可信。而我们之所以能做出正确的判断，也是因为感受到了对方的价值观。大家如果真的想赚钱，在定好策略后，做流量型内容的时候反而要把赚钱这件事忘掉。

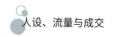

问题讨论 〉

1. 找到多个你长期喜欢的博主，并逐一感受每个博主在你心中与你的关系。请思考并观察他做了哪些事情，或说了什么话，导致你产生了特定关系的感受。

2. 找到曾让你多次产生购买行为的账号，并分析该博主能够多次打动你的原因。你是否能感受到该博主的发心？他是如何表达发心的？

3. 如果你有想要售卖的产品，请描述你的目标潜在用户的具体状态，并尝试在脱离产品的情况下，定义你与这些用户的关系。

成交逻辑就是
社交逻辑

　　我用七章讲完了孔夫子人设模型。在这一部分，我想做一个总结，并谈谈孔夫子人设模型背后的逻辑，和我创作这套模型的初衷。

　　大部分人做短视频的目的是赚钱，而赚到钱的 IP 的共性是总能与用户建立"超越商业关系的关系"。尤其是在一些成交会高度依赖信任的行业中，建立超越商业关系的关系就更为重要。我们与用户绝不能只是商家与用户的关系。

　　我是一个卖茶叶的商家，如果我的年龄大一些，我要做一个用户喜欢并认同的大哥。如果我的年龄小一些，我要做一个让用户有安全感、稳重的小兄弟。

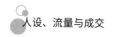

　　我是一个做汽车贴膜的商家，如果我是男性，我要做一个有点酷、做事有匠心的哥哥。如果我是女性，我要做一个懂审美、懂情感的姐姐。

　　如果我是一个房产销售，我要做一个有良好教育观念的家长，以及有一些积累、懂投资的前辈。

　　如果我是一个减肥博主，我要做一个正能量、不断成长、体贴、能给人提供情绪价值的朋友。

　　你必须确定自己与用户的关系，并且根据实际情况确定一个加成这段关系的身份。这是你建立"超越商业关系的关系"的基底。

　　当你有了这个基底，剩下的无非就是快速促进关系的建立。你可以在心里想一个曾经陌生但是现在信任，甚至依赖的人。这个人可能是你的朋友、同事，也可能是你的另一半。你试着回忆一下，你们从陌生到信任的整个变化过程其实存在一条链路。

　　一开始你们互相认知，有了对彼此的第一印象。如果第一印象不好，你们将不会有接下来的深入接触。只有在第一印象良好的情况下，你们的关系才有发展的空间。随后，因为他说过的某些话或做过的某件事，你认可了他身上的一些品质。再后来，你们了解得更深，你开始理解他的一些习惯、行为和特点。你们开始感受到彼此的情绪，你能够产生同理心，甚至你自己的情绪会随着对方情绪的变化而变化。此时，你们双方达成了信任状态，开始影响彼此的行为、状态和决策。你甚至会在一些事情上主动询问对方的意见，并且你询问的频次越来越多，受对方影响的频次也越来越多。当影响越来越深入时，在某些方面，你们双方达成了某种依赖状态。此时，亲密关系达成。如图 1 所示，以上整个过程可以简化为一条链路。

图 1　亲密关系链路简化版

在这条链路中，中间任何一个节点的中断都会导致无法进入下一个节点，从而导致关系止步不前，甚至回退。这就是我们认识的人或许不少，但是最终能够成功建立亲密关系的人少之又少的原因。大部分关系都会在

某个节点中断。我们先不谈每段关系中断的具体原因，当我们以更高的视角俯瞰我们认识的所有人时，会发现从亲密关系建立的第一环"认知"，到最后一环"依赖"的链路中，形成了一个漏斗模型，如图2所示。

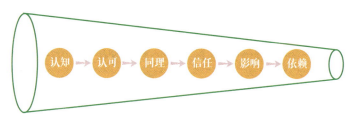

图 2 亲密关系链路

有趣的是，我们在线下建立关系，和我们在线上做成一个拥有巨大商业价值的 IP 并与用户建立关系的过程是一样的。用户从刷到我们的视频或直播，到成交行为产生的过程也存在一条链路。这条链路刚好也呈漏斗状，如图3所示。

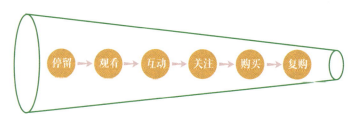

图 3 用户转化链路

我们称这条链路为用户转化链路，即一个用户刷到我们的视频或直播后从停留到成交的整个过程。整个过程中，任何一个节点的中断都会导致后续行为的停止。这就是观看可以很多，但是成交又很少的原因。短视频平台的流量推荐算法考核的是用户转化链路的每个节点，我们需要使每个节点的数据高于市场均值才能获得更多的流量，以此增大漏斗的开口。而做法就是把两条链路放在一起，形成对应关系，如图 4 所示。

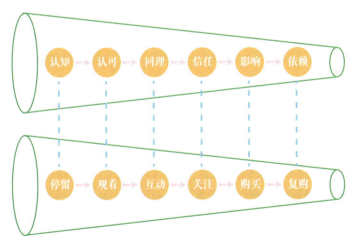

图 4　亲密关系链路和用户转化链路的一一对应

当我们把两条链路放在一起时，会发现亲密关系链

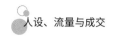

路中的每个节点刚好是用户转化链路中的每个节点的行动动机。

用户因为认知而产生兴趣，所以停留；因为认可产生，所以观看；因为同理产生，所以互动；因为信任产生，所以关注；因为受到影响，所以购买；最终因为依赖，所以复购。

也就是说，用户转化链路中的节点是行动，而亲密关系链路中的节点是导致用户行动的内在状态。

所以，与其说我们是在做短视频和 IP，不如说我们是在与用户建立关系。这个过程就是我在本书中不断强调的"社交"过程。如果你能把和朋友、同事或另一半培养关系的过程放到用户身上来建立关系，我敢说你一定能做出有商业价值的 IP。

而本书所讲的孔夫子人设模型的六个人设节点，又成为你和用户建立关系的每个节点的解决方案，如图 5 所示。

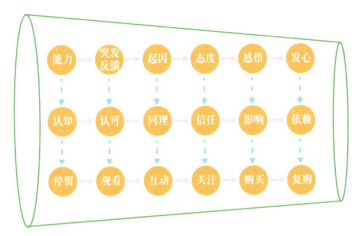

图 5　孔夫子人设模型的六个人设节点与亲密关系链路、
用户转化链路的一一对应

　　我们解决的问题、给出的事件能否让用户产生兴趣的过程，就是用户能否在认知层面产生兴趣的过程。我们面对突发事件的反馈，以及做事的方式，决定了用户能否对我们产生认可。用户对我们行为的起因或缘由的认同，会使其产生同理心。我们做事的态度，会决定用户能否对我们产生信任。我们的感悟将影响用户的观念。我们的发心能让用户感知到我们是否值得依赖。

　　"做账号如做人"，这是在这本书中，我想传达给大家的思考点与洞察点。在现实生活中做人、做事的过程，

就是做 IP 的过程。在现实生活中做人、做事的方法，就是做 IP 的方法。

很多人在我的账号评论区或私信中留言："王老师，为什么我的账号不涨粉？"也有人问："为什么我的账号没流量？"还有人问："为什么我的账号卖不出去货？"

我认为，大概率是这些朋友没把自己的账号当"人"。看完这本《人设、流量与成交》，我希望大家能明白，账号就是"我"，账号的成功基于"我"做人、做事的成功。

最后，我们再看一下孔子的话与用户行为的逻辑关系。

视其所以，就是用户看到我们的能力与突发反馈后，产生认知与认可，自愿产生停留与观看行为。

观其所由，就是用户感知到我们言行背后的起因与态度后，产生同理与信任，自愿产生互动与关注行为。

察其所安，就是用户认同我们的感悟且察觉到我们的发心，从而被影响，甚至在某件事、某种能力或某个领域方面对我们产生依赖的过程。

　　孔夫子人设模型的六个人设节点与用户行为的逻辑
关系如图 6 所示。

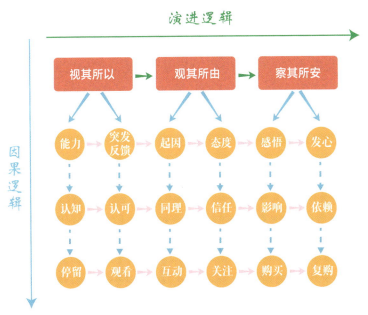

图 6　孔夫子人设模型的六个人设节点与用户行为的逻辑关系

　　视、观、察这三个字代表三个层次。三个层次由前
往后一层比一层深。但浅层同样重要，浅层是进入深层
的条件。如果没有"视其所以"，就不会有"观其所由"
和"察其所安"。如果没有认知与认可，我们就不会与用
户推进更深的关系。如果没有停留与观看，用户就不会

做出我们想要的互动行为。有浅才有深，有因才有果。

我相信关于如何"做人"这件事，你本身就有自己的想法。只不过之前你并没有把"做人"和"做账号"这两件事扯上关系。而我的孔夫子人设模型力求帮你深度理解人性，以及 IP 行为与用户行为之间的因果关系。希望孔夫子人设模型能帮你在未来分析视频、创作内容，以及在构思转化流程的时候有的放矢。

你希望在线上成功做出一个有商业价值的 IP，殊不知，你在线下已经是一个成功的 IP 了。你是否曾为你的朋友真心实意地推荐过产品？这个行为在线下或许不能为你带来商业价值。但把这个行为放到线上时，你就是在带货。你是否曾为你的朋友出过主意？这个行为在线下或许不能为你带来商业价值。但把这个行为放到线上时，你就是在做商业广告。如果把你在线下做的这两件不产生商业价值的事放到线上，你就会获得想要的东西。不过，这离不开你的思考，以及不断地深入实践。

如果你我有缘，你想与我更深度地交流，可以打开你最常使用的短视频软件，搜索我的名字，你会找到我。

学员案例及
成功者的共性

本书其实在上一部分已经结束了，但在这里，我决定为大家做一些"加餐"。因为我带过一批又一批的学员，我深知对于大部分学员来说，想要成功做出一个 IP，最难的是开始。

毕竟对于有商品或有商业目标的学员来说，他们至少知道自己要卖什么。但是对于没有商业目标的学员来说，不知道从何开始才是最大的问题。而这个问题的难点在于，我看到的每位成功做出 IP 的学员，他们走的路都不一样。原因是每个人的性格、能力、认知水平不同，吸引的用户便也不同。短视频这个曾经的新鲜事物发展到今天，已经不再新鲜。在竞争越发激烈的环境下，大家从今往后只有一条路，那就是从真实的自己和独一无二的人设中找价值。幸运的是，这件事虽然听起来很难，但在我的体系下已经迭代出了多套行之有效的操作方案。

接下来，我想介绍两位在我的带领下做出好成绩的学员。一开始，她们也不知道该卖什么商品，也不知道该做什么内容。而如今她们都获得了或多或少的商业价值。我认为她们找到自己的路的过程值得大家参考。同时，在大家开始做账号之前，我也想要给大家一些建议。

学员案例一："川川的一亩田"

"川川的一亩田"是一个商业效率很高的账号。截至2024 年 7 月，账号的粉丝数仅有 8 万多。虽然粉丝数看起来不多，但是博主川川仅用了半年，就用这个账号创造了 400 万元的销售额。

1. 尝试跳出行业或赛道，其实你有更多选择

一开始，川川并没有做自己的 IP 的想法。那时候，她在昆明的英语培训机构担任校长，她对于短视频的期待仅仅是希望能在线上招生，希望通过短视频推广自己

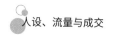

的学校。因此，她开始关注短视频运营教学类的内容。后来，她无意间刷到了我的一条视频。

在那条视频中，我表达了以下五个观点。

（1）不管你身处什么行业，所谓个人 IP，注重的是你自己能被多少人信任。

（2）不妨先从分享自己的思考、成长和改变开始。

（3）不要过度迷信流量，有 500 个人看过你的视频，这里面有人因为你的思考而改变，这也是价值。

（4）做短视频不只是一份工作，更是一种生活和习惯。

（5）你会做得越来越好。

川川看完这条视频后恍然大悟："对啊！我为什么非要用培训机构的校长这个身份限制自己呢？我为什么不能跳出来，分享自己有价值的成长和思考呢？"

正好当天晚上我有一场直播，川川进入我的直播间，毫不犹豫地加入了"扬名商业 IP 孵化训练营",并用我的体系梳理人设定位,随后开始在账号中分享自己的生活、成长、改变及自己读过的书。至此,她正式开始了运作账号的第一阶段。

2. 不要卖商品,而是卖"我"与商品的故事

在此阶段,她做出过一些播放量为几万的小爆款视频。但是大部分视频的流量不尽如人意,平均播放量在1000 ~ 2000。她的粉丝数增加了 2000。虽然流量不算理想,但是她在短视频中推荐的书的销量都很好。其中有一条视频的播放量仅有 2000,但竟然卖了 100 本书。这意味着这条视频的转化率高达 5%。这个成绩远远高于市场中其他推广图书的视频的成绩。她做对了什么?川川与我就此事做过一次复盘。

在大部分卖书的商家强调一本书有多好的时候,川川讲述的是这本书"让我变得更好了"。她讲的是自己与这本书的故事。川川在视频中推荐一本书时,并不是去表达书本身,而是表达她在这本书中学到的知识给她的

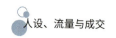

生活带来的变化。

我在前文提过，在带货时，我们卖的不应该只有商品，还有价值观。那么在这里，我可以把这句话细化成：**我们的带货内容展示的不应该只有商品，还有此商品在我们生活或人生中起到的好作用，或给我们带来的正向变化。**

我把这句话总结为一个公式，即：

$$商品 \times 人设 = 变化。$$

运用上述公式表达的带货内容，才是高效的商业内容。

3. 你的脱困之法，即是市场价值

终于，川川有一条视频火了，视频的播放量很快达到数十万。这条视频记录了川川一天的生活。她早上 5:00 起床运动，在运动时会听一些知识类内容。早上 6:00，她给自己做了一顿精致的早餐。早上 6:30，她做

了一杯精致的咖啡，坐在阳台上看书。她的阳台以鲜花为装饰，氛围感十足。早上 7:30，她打扮好自己，听着自己喜欢的音乐开车去上班。她一整天都穿梭于自己的 5 家培训机构，与团队成员开会。虽然很忙碌，但她很放松，而且她为人和善，又不失气场。

她身上有一股冲突的力量，在极其自律的生活背后，居然还能做到无比的松弛。

在川川的粉丝群和视频评论区，这些问题被用户反复提出：姐姐，怎么样才能做到像你这样自律？为什么你能自律得毫不费力？为什么你每天过得如此充实，还能有这么放松的状态？

一个人的反馈不一定能代表市场需求，但是当大量的人问到同一个问题时，这意味着川川找到了她能带给市场的价值。她意识到，自己习以为常的这种状态是其他人所没有的。大部分人一方面缺乏目标和计划；另一方面缺乏对自我的善待。有的人只能顾一头。大部分人认为这两件事是冲突的。而川川不这么认为，她认为这两件事压根就是同一件事。

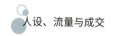

"我是很自律，但是我绝不做自己不喜欢的事。我有计划，是因为那些都是我想要做的事。所以我总能很快乐地做好每一件事。跑步很累，那我就在最凉快的早晨，到最美的公园去跑步。早起很难，所以我运动完一定要做点好吃的来犒劳自己。"

完成目标和计划的同时，又能善待自我，这两件事在川川身上有着完美的平衡，我认为这是别人想在她身上获得的价值。我对川川说："用户想从你身上得到的，就是你该卖给用户的！"

4. 带着必成的心态，快速做好准备

两个月后，川川与我联系。她说："扬名老师，我卖掉了昆明的房子，在大理买了一个小别墅。我辞掉了校长的工作，甚至没留学校的股份。我要开始我的全职自媒体生活了。"

我很震惊，因为这样做的风险太大了。我从来都是鼓励我的学员骑驴找马。我认为人生不能赌博，应该做确定的事。

她却说："我很确定，因为我的自律课程已经做出来了。"

我问她："你是先做的课程，还是先辞的职？"

她说："先辞的职！"

我心里暗暗佩服，并给了她一些内容指导。

半个月后，她告诉我："王老师，我的视频爆了，有千万播放量！"我说："快开播！现在是卖课的最好时机！"

她经历了半个月的高频直播后，第一期学员招满了，总计 300 人。而她的"自律训练营"的售价为 2980 元。这意味着，她靠自己的努力在短期内获得了大概 89 万元的销售额。

当时，她的账号发了几十条视频，仅有两条爆款视频。第一条爆款视频有几十万的播放量，帮她找到了方向，让她知道了自己能为社会提供什么价值。然后，她快速做好了准备。第二条爆款视频如东风一般，来的正

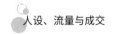

是时候。这一次，她获得了可观的商业价值。后来，除了抖音平台，她还在微信视频号、小红书平台分发作品，通过矩阵账号多平台运作。她还做了更高单价的全年陪伴训练营和线下训练营。

半年后，她已经有了3个300人的学员群，还有1个100人的深度陪伴学员群。这意味着，这个粉丝数只有8万多的账号，总共为她带来了大概400万元的销售额。

故事讲完了！我相信你能感受到，她的成功过程是无法复制的。但我们能在这个过程中学到一些东西。

（1）先动起来！一个普通人几乎不可能在没有市场反馈的情况下找到能够拿到结果的路。

（2）一旦发现目标，快速做准备，别等机会来了，才发现自己没准备好。

（3）我们都解决过问题。当·个问题得到解决时，我们便不再把它当回事，甚至忘记它。请回忆那些被自己解决的问题，它们可能是帮我们拿到结果的"钥匙"。

（4）人们需要的不是自律课程，而是一个"用人生重新定义自律"的人。人们需要的不是一本书，而是一个"用人生践行过这本书"的人。反过来说，如果一件商品没有影响过你，你凭什么能把这件商品卖出去？

（5）"我是做减肥行业的，我该如何做账号？""我是一个律师，该怎么做账号？""我是一个普通人，怎么做账号？"我听过太多人给自己扣上了太多标签。不管你是给自己扣上了行业标签、技能标签、社会地位标签，还是其他各种各样的标签，请先分清是你想做账号，还是标签想做账号。如果是标签想做账号，那么你肯定做不起来。如果是你想做账号，那么请跳出标签，说不定能有思路！

学员案例二："小秋姐的厨房"

"小秋姐的厨房"在 3 个月内涨粉 33 万，做出了多条百万、千万播放量的爆款视频。其中，点赞量超过 50 万的视频有 4 条。最火的 1 条视频高达百万点赞量，属

于全网爆款视频。可是小秋姐这一路走下来，并不顺利。

1. 运作半年积累了 10 万粉丝，你舍得注销账号吗

小秋姐在北京郊区经营着一家民宿，她最早接触短视频是因为有个朋友开了一家按摩店。她这个朋友的短视频账号运营得还不错，隔三岔五就有从线上引流来的用户到店按摩。于是小秋姐也萌生了做短视频的想法，希望也能像那个朋友一样，通过短视频获客，吸引用户预定她的民宿。

可是，当小秋姐深入了解短视频后，她发现有很多普通的"宝妈"在短视频平台分享自己的一日三餐，分享自己与孩子的家庭日常，并获得了不错的流量。然后，她们靠直播卖货赚钱，一场直播能卖几百件商品，她们通过佣金赚取了相当可观的收入。

刚好小秋姐的儿子在上小学，她想反正自己也要给孩子做饭，照顾家人，为什么自己不能做一个家庭分享账号呢？正当她在做民宿账号和做家庭分享账号之间犹豫不决时，她刷到了我的一条视频。

在那条视频中，我讲了在短视频时代如何选择赚钱的方式。我提出了一个观点，短视频时代之所以到来，是因为短视频大大提升了商业效率。我们需要对自己项目的天花板有所认知。抖音平台曾经有一位拥有千万粉丝的律师，没错，他爆火过，这确实让他获得了更多的法律咨询收入。但是他的时间是有限的，他并没有比其他律师多赚很多钱。因为时间就是他的天花板。后来，一位女律师借助自己作为离婚律师的优势，专门在短视频平台讲情感内容，然后选择带货，没想到赚了不少钱。

同样，地域也是天花板。例如，一家餐厅的老板在短视频平台上火了，这或许会为他的门店带来更多的食客。但餐厅的桌子数量是有限的，不少客人会因为排队时间长而选择离开。他周围的地域就那么大，用户几乎不可能跨城市到他的餐厅吃饭。他的变现遇到了巨大的阻力。后来，这位老板尝试带货卖牛排，没想到这部分的收入远远超过他线下餐厅的营收。

在我的那条视频中，我提出了一个建议，建议大家去做商业效率高的事。

小秋姐看了我的视频后，决定选择带货。于是她开始着手做一个家庭分享账号。

确定了方向后，她开始寻找自己的突围之路。毕竟当时已经有太多人在做家庭分享账号了。她意识到，如果自己和其他人做的内容完全一样，几乎就没有优势。于是她决定，在家给自己的孩子做零食。她希望通过分享在家做零食的方法吸引"宝妈"用户，以便未来进行带货。她注册了一个账号，取名"懒妈不懒"。

在同一时期，她带着这个目标加入了我的训练营，中间也与我沟通过几次选题。随后，她做出了多条几十万播放量的爆款视频。视频中，他把儿子买的辣条偷偷倒掉，亲手为儿子做了健康的辣条，放到袋子里塑封起来，然后验证儿子能否尝出不同。她的内容很精彩，她的账号在几个月内积累了几万粉丝。可是，随着粉丝数的增长，小秋姐总觉得哪里不对劲。当她查看后台的数据时，发现她的粉丝多以 8 岁~12 岁的男孩为主，但她想要的"宝妈"粉丝很少。

在小秋姐的粉丝数近 10 万的时候，她决定尝试直播带货。没想到她一开播，直播间的人还不少。评论区的人热情地与她进行互动："阿姨，你开直播啦？""阿姨，我特别喜欢你的视频。""阿姨，你今天准备做什么好吃的？"小秋姐逐一回复，并为他们逐个介绍商品。她硬着头皮直播完后，一看数据，发现只卖了 3 件单价在 10 元以内的商品。

小秋姐陷入了深深的矛盾之中，一方面是小粉丝们热情的催更，另一方面是直播带货收效甚微。其实这些小粉丝们也不是不想支持她，只是没有支付能力。

她用半年时间创作了几十条视频，积累了近 10 万的粉丝。她看着自己做出的成绩，不得不尽快做出抉择：这个账号还要不要继续更新？如果这个账号不更新了，她接下来该怎么做？她决定与我进行一次深度的沟通。

2. 内容情绪的吸引力法则

当我们深度沟通完，我直接指出问题症结："你为错误的人提供了错误的情绪价值。"其实小秋姐的前期定位并没有太大的问题。但是在后面创作内容的时候，她给

孩子做零食，希望自己的孩子开心，早上给孩子做丰盛美味的早餐引发的就是孩子的情绪。所以，账号吸引的人群就是孩子。

你的内容的情绪对象是谁，你吸引的就是以该对象为代表的人群。例如，你努力帮助上进的弟弟补习功课，希望他能考上清华大学，你的内容吸引的就是上进的弟弟们。

吸引力就是这么神奇，我们今天喜欢的每一个达人、关注列表里的每一个博主，就是我们个人喜好或期待的投射。

我有一位学员，他发的每条视频都是展示自己如何对妻子好，甚至拍一些如何宠爱妻子的教学视频。那么他的内容吸引的不是其他想对妻子好的男人，反而是希望自己的丈夫也能像他一样宠爱妻子的女人。

听我说完这些，小秋姐恍然大悟。她立刻决定注销之前的账号，重新做一个账号。她之前是拍自己为儿子做的事，给儿子带来情绪价值，这次她决定拍儿子的情感表达。

3. 小秋姐的超级爆款之路

注销旧账号后，小秋姐开了一个新账号，取名"小秋姐的厨房"。这一次，她和丈夫准备随时拿出手机记录儿子的情绪状态。

晚上，小秋姐在陪儿子写作业。9岁的儿子突然问妈妈："妈妈，什么叫月经啊？"

夫妻俩对视了一眼，可能是之前做账号磨炼出来的网感让他们觉得，此刻应该能有好的素材。小秋姐立刻拿出手机，开始拍摄儿子，并问他："这和你有什么关系啊？"

儿子说："为什么你总说这个词啊？"

小秋姐端正脸色说："每个妈妈肚子里都有一个房子，是用来生宝宝的。妈妈们每个月都有机会生宝宝。如果妈妈们选择不生，就需要流一点血去打扫那个房子。"

"啊？"儿子听到这里，脸上的笑容消失了，随即眼

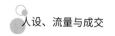

眶有点泛红。"每个月都要流血吗？"他心疼地问妈妈，"妈妈，能不流血吗？"

小秋姐摸了摸他的头说："如果妈妈这个月有了新宝宝，就可以不流了呀。"

儿子此时已经泪流满面："妈妈，那你打算再生一个宝宝吗？"

小秋姐摇摇头，对儿子说："不打算，我只要你这一个大宝贝就够了。"听到这句话，儿子满脸泪水地抱住了妈妈。伴随着温情的音乐，视频在这一幕结束了。

这条视频次日就发布了，是"小秋姐的厨房"发布的第二条视频。第二天，小秋姐的老公打开手机看到数据后惊呼："老婆，视频爆了！""100万播放量了！""500万了！""老婆，千万播放量啦！"一整天，他们夫妻俩的手机都没放下来过。

他们趁热打钛，趁此机会持续更新视频，连续做出了七八条爆款视频。一个月后，这条视频突破100万点赞量，成了真正的全网爆款视频。此外，有两条爆款视频也分别获得了 70 万点赞量和 50 万点赞量。他们的账号在开始发布视频的第一个月，累计获得了上亿播放量。这意味着在那段时间，大部分打开抖音的妈妈都刷到过他们的视频。

4. 时刻准备着，快速反应

其实短视频平台每天都有平台级的爆款视频出现。但是大部分创作者并不具备运营思维，也没有商业流量的承接意识，只能眼睁睁地看着流量来，再眼睁睁地看着流量走。在这个过程中，他们无法获得任何收益。稍微聪明点的创作者会选择开播，赚一些打赏钱，但是效果也非常有限。

但因为小秋姐在我的训练营中系统地学习过，她具备运营思维，也有一定的商业认知。她做了以下动作。

（1）在爆款视频的数据快速增长的情况下，她迅速更新视频。这样做的好处是，通过某一条视频进入她主页的用户可能会观看其他视频并与她互动。这能很好地带动其他视频的播放量。而这个播放量又会为其他视频

带来更多的流量推荐。

同时，因为这是一个新账号，所以看完她的视频的用户很有可能再次刷到她。如果视频的质量依然很好，之前未关注她的用户就有可能在第二次刷到她的视频并看完之后产生关注行为。那么流量就会沉淀下来，等待转化。

（2）小秋姐快速与我沟通后续的带货思路。因为之前在评论区有很多"宝妈"非常喜欢她的儿子，也经常询问她："您是如何把孩子教育得这么懂事的。"最终我们决定，选择国学类书籍，而且要选择适合小学生观看的图文并茂的图书进行直播带货。

（3）发预热视频，将如何培养孩子和国学类书籍挂钩，建立商业预期，然后次日开播。

整个过程一气呵成。小秋姐在一个月的时间里卖了几千套图书。虽然在我看来这不算很大的商业成绩，但是小秋姐的家庭增加了一笔不错的收入，这能让他们一家三口的生活变得更好。而截至 2024 年 7 月，该账号的粉丝数已达 42 万，卖了上万件商品。

成功者的共性

介绍完我的两位学员后，我需要为大家做两个声明。

首先，她们只是我在众多拿到成绩的学员中挑选出来的两个人。原因有两个。第一，她们更能代表正在看这本书的读者，并且她们的经历符合我想传递的价值观。第二，我已经取得了她们的同意。

其次，我公开展示两位学员的成绩，并不代表如果你也加入我的训练营，就一定能取得同样的成绩。在我看来，我能给你正确的体系和方法，以及流量获取和商业转化中的人性规律。但是在做事的过程中，你还需要依靠自己的努力。

这两位学员做事有信念感，她们会通过反馈，快速思考并更新行动。她们的执行力很强。她们遇到问题时会客观地看待问题，不会轻易进行自我怀疑。在我看来，这些才是短视频创作者应该具备的优点。

在本书结尾，我将所有取得好成绩的学员的共性总

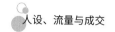

结成建议，希望为当下的个人创作者提供一些方向、动力和信心。

（1）90%的流量来自10%的视频，不要妄想发一条视频就能火一条视频，也不要妄想一开始就能做正确的事。"正确"是不断通过市场反馈矫正出来的。

（2）不管是火了的视频，还是不火的视频，都是经验。不管是做成了的账号，还是没做成的账号，都是财富。

对于没火的视频，大家可以通过数据分析，看看用户是在什么时候划走的，以及是在什么时候点赞的。没火的视频不代表不是好内容。问题可能出在视频的开场，也可能出在视频中间某一段。大家要找到关键问题，然后迭代，重发。不要介意重复。就像川川，她的大部分视频都没火，但这些没火的视频，都是为后面火的视频所做的准备。

不要太看中账号的成功，即使一个账号做得不好，经验也终究会积累到你身上。就像小秋姐如果没有用半年时间做了第一个"炮灰账号"，就不会有第二个账号的崛起。

（3）一定要先动起来。如果你想不通行业，就先不做行业账号，可以先做个人账号。如果你想不通形式，就先不想形式，想想价值或尝试分享一些事情。

（4）在平常刷视频的时候保持思考状态。每一条爆款视频让用户停留的动机是什么？它是如何留住用户的？用户的点赞动机又是什么？它是怎样打动用户的？通过不断思考和实践，你会成长得飞快。

（5）如果有机会，系统的学习是必要的。短视频的内容模型和商业闭环已经成熟，大家不需要走太多的弯路。少走一些弯路就已经超越90%的竞争者了。毕竟IP的成功讲究时机，事情做对了一半，比一点都没做对更让人惋惜。

（6）自媒体行业的特点是"生活即工作"。你每天的情绪和生活中发生的事，都需要被有意识地记录到备忘录里。好内容是生活给你的，不是你在特定时间段内坐在书桌前创作出来的。创作出爆款内容的前提是去表达你想表达的东西，而不是表达你认为自己该表达的东西。

创作完一篇内容，如果创作者自己都不兴奋，那么这篇内容大概率不是好内容。

（7）如果你希望系统地学习，那么打开抖音平台，搜索"王扬名"，就能找到我。

最后，祝愿大家在商业 IP 之路上，一切顺利。